समय के हृदय की धड़कन

समय के हृदय की धड़कन

(वैश्विक अंग्रेजी कविताओं का हिन्दी अनुसृजन)

Hindi Transcreation of Global English Poems

अनुसृजक

डॉ. उमराव सिंह चौधरी

WhiteFalcon Publishing

www.whitefalconpublishing.com

Samay Ke Hriday Ki Dhadkan
Dr. Umrao Singh Chaudhari

www.whitefalconpublishing.com

ISBN - 978-93-89932-61-4

अनुक्रम

हमारे यहां, कविता प्रतिभा और प्रज्ञा का पर्याय तथा सम्प्रेषण का सरस माध्यम रही है। भर्तृहरि ने कविता का महत्व प्रतिपादित करते हुए कहा है कि "सुकविता यद्दस्ति राज्येन किम्" अर्थात श्रेष्ठ काव्यसृजन के सामने राज्य का ऐश्वर्य भी फीका और तुच्छ है। कविता को आचार्यों ने 'कांता-सम्मत उपदेश' कहकर उसकी मनुहार-सामर्थ्य को भी स्वीकार किया है। इसलिए कविता अपने मृदुल मधुर आग्रह द्वारा समाज में मतभेद (द्वंद्व) दूर करने, शांति स्थापित करने और सामाजिक परिवर्तन लाने में भी उपयोगी हो सकती है। हाल ही में, प्रथम विश्व युद्ध की सौवीं वार्षिकी, अर्थात 5 अगस्त 2014 को संयुक्त राष्ट्र में सम्पन्न हुए कायर्क्रम में, विश्व के पंद्रह राजदूतों ने, अपने देश के कवियों की युद्ध से जुड़ी कविताएं प्रस्तुत की। भारत के राजदूत अशोककुमार मुखर्जी ने इस अवसर पर शांति का संदेश देने वाली महाकवि टैगोर की कृति 'गीतांजलि' की 96वीं कविता का पाठ किया।

नोबेल पुरस्कार विजेता बरतानवी कवि टी. इस. एलियट ने कहा था की 'गीता' विश्व की सर्वश्रेष्ठ कविता है। ऋग्वेद की एक ऋचा में मनुष्य को मनुष्य बनाये रखने का आग्रह है "मनुर्भव जनया दैव्यं जनम्"। कविता 'जाग्रति का महोत्सव' है। "यो जागार तमृचा कामयन्ते" (ऋग्वेद) अर्थात जो जागता है कविता उसकी कामना करती है। जागना, जानना और फिर दूसरों को जगाना कवि का दायित्व है।

तेजस्वी कवि मुक्तिबोध बहुत पहले कह चुके हैं कि "कविता किसी की दुहिता नहीं होती।" कविवर नरेश मेहता घोषणा करते हैं कि "काव्य का कोई कर्ता नहीं होता क्योंकि वह स्वयं आत्मकर्ता है, स्वयं सृष्टा है। जिसे कवि कहा जाता है वह तो मात्र प्रस्तोता होता है।" जे. वी. फॉक्स स्वयं को कवि कहने के बजाय कविता का अन्वेषक कहना पसंद करते हैं। काव्य कवि की 'प्रति-सृष्टि' की कल्पना होती। कविता कवि को तीसरी आँख देती है, जिससे वह 'सृजन-लालित्य' और 'मधुर भाव-संसार' रचता है। वे आगे कहते है कि "काव्य का स्थान समस्त वैचारिक सत्ता और जगत् में न केवल सर्वोपरि है, बल्कि अपनी भाववाची सर्जनात्मक प्रकृति के कारण उसे 'परमपद' भी कहा जा सकता है।"

महाकवि दिनकर ने कविता को 'समाधि की भाषा' कहकर शब्द की सीमा रेखांकित कर दी थी। सीताकांत महापात्रा मानते है कि "सारे शब्द चुक जाने पर जो बचता है, वही कविता है।" नीरज तो शब्द को "भाव के सिन्धु में बताशा" बनाते हैं। नरेश मेहता भी सुझाते हैं कि "शब्द पर खड़े मत रहो, शब्द का उल्लंघन ही कविता है।" जापानी मूल के कवि तानीकावा शुन्तारो भी कहते हैं कि "यद्यपि लिखी जाती है शब्दों में, कविता समाई नहीं रहती शब्दों में"।

माखनलाल चतुर्वेदी ने एक निबंध में कहा है की "नदी और नारी अपने उदगम से दूर जाकर ही गोदभरी और मोदभरी रह सकती है।" संभवत: वैसे ही, कविता भी कवि से अलग होकर ही प्रसिद्धि पाती है। रवीन्द्रनाथ टैगोर ने कहा कि "कवि की कीर्ति स्तंभ की तरह नहीं, नौका की तरह होती है।" 'कितनी नावों में कितनी बार' की भूमिका के अंत में अज्ञेय ने पाठकों से इसी तरह की बात कही- "कविताएं आपके सामने हैं, इससे आगे वे ही प्रासंगिक हैं-कवि नहीं"। अर्थात पाठकों के हाथ में पहुंचकर या लोकव्यापी होकर ही कविताएं कवि को लोकप्रिय और दीर्घजीवी बनाती हैं।

आजकल, एक और तो मनुष्यों में आक्रामकता और हिंसा बढती जा रही है तथा दूसरी ओर संस्कृति को क्रमशः विस्थापित करते हुए स्थूल सभ्यता और प्रौद्योगिकी अपने पांव पसारती जा रही है। काव्य के प्रोफेसर मैथ्यू ऑर्नोल्ड का यह कथन चरितार्थ हो रहा है कि "जैसे-जैसे सभ्यता बढ़ती है, वैसे-वैसे कविता घटती जाती है।" उधर, 'डिजिटल मानवतावाद' भी सामाजिक दूरियां बढ़ाकर, मानव-संबंधों को उत्तरोत्तर क्षतिग्रस्त करता जा रहा है।

प्रौद्योगिकी और मूर्त सभ्यता के दुष्प्रभावों तथा हस्तक्षेप को सीमित-संतुलित करने में साहित्य और काव्य की भूमिका प्रभावी होती है। इसलिए, काव्य-साहित्य के विस्तार, प्रसार और उन्नयन को बढ़ावा दिया जाना चाहिए। विकसित देशों में कविता के प्रति लगाव और उत्साह घट रहा है। इसलिए अमेरिका, योरप और जापान में कविता को प्रोत्साहन देने के प्रयास चल रहे हैं। अमेरिका के कुछ नगरों में तो कविताएं छापकर उनका सार्वजानिक स्थानों पर प्रदर्शन और वितरण किया जा रहा है। यहां तक कि टॉयलेट्री पर भी कविताएं छापी गई हैं। युवा पीढ़ी में मानविकी के अध्ययन के प्रति बढ़ रही उदासीनता और उच्चाटन से विश्व भर की उच्चतर शिक्षा संस्थाएं चिन्तित हैं। हार्वर्ड यूनिवर्सिटी और अमेरिकी अकादमिक एवं सांस्कृतिक परिषदों द्वारा प्रकाशित अध्ययन और प्रतिवेदनों में विज्ञान एवं प्रौद्यिगिकी तथा मानविकी के बीच बढ़ते हुए असंतुलन और अंतराल पर गहरी चिंता व्यक्त की गई है। अज्ञेय ने, 'काँच के पीछे मछलियाँ' नामक कविता में वर्तमान उपभोगवादी सभ्यता के मानव-संबंधों पर पड़ रहे दुष्प्रभाव पर बड़ा पैना व्यंग्य किया है-

"जिन्दगी के रेस्तराँ में यही आपसदारी है, रिश्ता-नाता है की कौन किसको खाता है।"

काव्य, सभ्यता की आत्म चेतना का संवेदन केंद्र है। कवि शब्दों में संवेदनापूर्ण सोच की अदभुत क्षमता रखता है। उसे विचार, कल्पना और अनुभूति का कीमियागर भी कहा जाता है। वह एक सभ्यता के महत्वपूर्ण पक्षों से प्रभावित होता है और उन्हें प्रभावित भी करता है। कवि एक ऐसा क्रांतदर्शी, सूक्ष्मदर्शी और दूरदर्शी मनीषी होता है, जो वस्तुओं, विचारों और व्यक्तियों के पारस्परिक और आंतरिक पहलुओं को अनुभूत कर उन्हें समझ सकता है। संभवत: इसीलिए उसे आंतरिक अंतरिक्ष का 'कास्मोनॉट' कहा गया है। 'सार्वजनीन सहृदयता' कवि को इतना प्रेरित-परिचालित करती है कि वह स्वयं एक कविता बन जाता है। आंद्रे गाइड कहते हैं कि "कला, ईश्वर और कलाकार के बीच सहयोग या साझेदारी है। कलाकार उसमे जितनी कम भागीदारी करता है उतना ही अच्छा होता है।"

अमेरिकी कवि रॉबर्ट फ्रॉस्ट लिखते हैं कि उनकी कविताएं इस दुनिया में एक प्रेमी के झगड़े के समान हैं। इनमें उनका पास-पड़ोस और लोग-बाग बोलते हैं। उनके अनुसार, एक पूर्ण कविता वह है "जिसमे संवेग (भावना) को उसका विचार मिल जाता है और विचार को शब्द। अवलोकन को दृष्टि प्राप्त हो जाती है और वह अंतदृष्टि हो जाती है।" फ़्रांसीसी कवि ब्लैस सेन्ड्रर्स मानते हैं कि "हमारा समस्त जीवन ही एक कविता है, एक आंदोलन है।" कवि की वैकल्पिक या समानान्तर जीवन की चाह और कल्पना बेहतर जीवन के लिए एक उद्वेलन या प्रयाण है। विलियम ब्लैक के अनुसार काव्य ले ऐसे प्रयाण-प्रवाह को रोकना मानव प्रजाति और गतिशीलता को बाधित करना है, "Poetry fettered, fetters the human race".

कविताएं सुनने, पढ़ने और लिखने का मेरा शौक स्कूल और कॉलेज जीवन से ही अंकुरित हो गया था। फिर, साहित्य का छात्र

होने के बावजूद विश्वविद्यालय के शिक्षा विभाग में नियुक्ति मिलने के कारण कविता के प्रति मेरा लगाव घटता गया। लेकिन 1982 में, जब मैं पोस्ट डॉक्टोरल रिसर्च करने के लिए पिट्सबर्ग यूनिवर्सिटी (यु. एस. ए.) गया तब वहां कुछ अंग्रेजी कविताएं पढ़ने का अवसर मिल गया। बाद में, 2004 से अमेरिका और कैनाडा की यात्राओं का सिलसिला इस तरह चल पड़ा की वह आज तक बरकरार है। इन दोनों देशों में कभी तीन-तीन और कभी छः छः मास के प्रवास में, अंग्रेजी में लिखी कविताएं पढ़ने का शौक गहराता गया। 2013 के प्रवास के दौरान अंत:करण से आवाज आई कि समय का सुदपयोग करते हुए, क्यों न अपनी पसंद की कविताओं का हिंदी में अनुबाद/अनुसृजन किया जाए ताकि हिंदी साहित्य की अभिवृद्धि करने में थोड़ा-बहुत योगदान दिया जा सके।

शिकागो के पैलेटाइन उपनगर की पब्लिक लायब्रेरी में पढ़ते-पढ़ते, अंग्रेजी साहित्य के सेल्फ में, मुझे तीन बड़ी कविता-संग्रह मिल गए। इसके नाम थे, <u>पोइम्स फॉर मिलेनियम</u> (दो खण्ड), <u>द जायंट बुक ऑफ़ पोइट्री</u> और <u>ऑक्सफ़ोर्ड बुक ऑफ़ अमेरिकन पोइट्री</u>। इन लगभग 1500 पृष्ठों में संकलित कविताओं में एशिया, अमेरिका, योरप और अफ्रीका के गिने-चुने कवियों को स्थान दिया गया था। पहले पहल तो मैं पन्ने पलटते हुए संग्रहों की कविताों पर सरसरी नजर डालता गया। दूसरी बार, पढ़ते हुए कविताएं चिन्हित कर ली और तीसरी बार में उनका क्रमशः हिंदी में अनुवाद (अनुसृजन) शुरू कर दिया। चयन का प्रमुख आधार उनकी संप्रेषणीयता और भारतीय परिवेश के लिए उपयुक्तता था। हिंदी के पाठकों का ध्यान रखते हुए भाषाई जटिलता और सांस्कृतिक-ऐतिहासिक सघनता वाली कविताओं का अनुवाद नहीं किया गया। हां, 'अमेरिका' और 'रूजवेल्ट के लिए' नामक महत्वपूर्ण कविताओं को, ऐतिहासिक संदर्भों की बहुलता के बाद भी, अनुवाद के लिए चुना गया है।

विषयवस्तु की दृष्टि से कविताओं का कैनवास व्यापक है। सामान्य और मूर्त विषयों जैसे उंगली, हाथ, आंखे, पैसा, नदियां आदि से लगाकर धर्म, ईश्वर, ब्रह्मा, कला, कविता, प्रेम, सौन्दर्य, कल्पना, पर्यावरण, आत्मा आदि अमूर्त और विशिष्ट विषयों से संबंधित कविताएं सम्मिलित की गई हैं। कुछ कविताएं अन्य स्रोतों से भी समय-समय पर ली गई हैं। ये कविताएं 19वीं, 20वीं और 21वीं शती की कविताओं की बानगी और स्वाद प्रस्तुत करती हैं। कवियों में भारतीय मूल के, भारतीय संस्कृति से प्रभावित, नोबेल पुरस्कार विजेता तथा पुलित्जर पुरस्कार से सम्मानित कवियों की रचनाएं भी सम्मिलित की गई हैं।

प्रस्तुत कविताएं अंग्रेजी भाषा में रचित कविताओं का हिंदी में कोरा अनुवाद या भाषांतर नहीं है, बल्कि 'ट्रान्सक्रिएशन' या अनुसृजन है। मेरा प्रयास रहा है कि ये अनुदित कविताएं बहुत कुछ मौलिक हिंदी कविताओं जैसा ही रसास्वादन करने में समर्थ हो सकें। भाषा और संस्कृति की दीवार को सेतु में बदलकर, हिंदी के पाठकों को कविताओं की मूल भाव-भूमि तक पहुँचाने का भरसक प्रयास किया गया है। आशा है, हिंदी के पाठकों, कवियों और साहित्यकारों को अनुवाद रोचक लगेगा तथा उन्हें अन्य भाषाओं की कविताओं का अनुसृजन करने के लिए प्रोत्साहित करेगा। ऐसा हुआ तो, मैं अपने इस प्रयास को सार्थक समझूंगा। उन सभी कवियों का मैं कृतज्ञ हूँ, जिनकी कविताओं का अनुसृजन पुस्तक में प्रस्तुत किया गया है। यहां नरेश मेहता के उन बहुमूल्य शब्दों का उल्लेख करना उपयुक्त समझाता हूँ, जिन्हे उन्होंने चैत्या की भूमिका में अंकित किया है, "काव्य न तो कोई देश होता है और न काल। दोनों के सामरस्य स्वरूप का नाम ही काव्य है। जीवन की सार्वदेशिकता या शाश्वतता की तरह ही काव्य भी सार्वदेशिक और शाश्वत होता है।"

यहां, अनुसृजित कविताओं की कुछ मार्मिक पंक्तियां भी प्रस्तुत कर रहा हूँ, ताकि पाठकों में कविताओं के प्रति पुर्वानुराग और उन्हें पढ़ने की प्यास उद्दीप्त हो सके।

जो चलता है एक फर्लांग भी

बिना सहानुभूति के,

वह चलता है स्वयं की शवयात्रा में

बिना कफन के।

-वोल्ट व्हिटमॅन (नहीं बने जिज्ञासु ईश्वर के प्रति)

सर्वाधिक प्रकाशमान तारे

बाढ़ के पानी में डुबो दिए गए हैं,

अब कुतिया के बेटे

आकाश पर कर रहे हैं राज।

सड़ गई मनुष्यता अपने मर्म तक

ठोंक रहे हैं लोग कीलें अपने ही जनाजों में।

-मंग के (एपहर्ड)

कपड़ों और खाद्य पदार्थों की भरमार से होकर त्रस्त

जब हो जाते हो तुम साठ से ऊपर

तब न रह पाते हो वस्तु और न मनुष्य।

-तमूरा रायुइची (मेरा साम्राज्यवाद)

प्यार सब कुछ नहीं, यह रोटी और पानी नहीं

फेफड़े में श्वास भी नहीं भर सकता है प्यार,

न रक्त साफ कर सकता है

न टूटी अस्थि जोड़ सकता है।

-एडना व्हिंसेन्ट मिलै (प्यार सब कुछ नहीं)

समय के हृदय में एक नन्ही सी धड़कन है,
तुम्हारा जीवन।

-रॉबर्ट सर्विस (जरा सोचो)

जब मेरे पास आँखें नहीं थी, तब मैंने सुना
जब मेरे पास कान नहीं थे तब मैंने विचार किया
जब मेरे पास विचार नहीं थे, मैंने प्रतीक्षा की।

-रॉबर्ट पिन्स्की (समुराई गीत)

एक दिन मैंने उसकी चाची को
ऐंटीजोन के उरोज छूते हुए देखा,
मुझे ऐसा लगा जैसे
कोई बच्चा सेव चुरा रहा है।

-जॉर्ज सेफरिस (गुलाबों के बीच)

अमेरिका, तुम्हारे पुस्तकालय आँसुओं से गीले क्यों हैं?
अमेरिका, तुम अपने अंडे भारत कब भेजोगे?
जाओ अपने एटम बम का करो आलिंगन।

-ऐलन गिन्सवर्ग (अमेरिका)

तुम सोचते हो की जीवन एक ज्वाला है
प्रगति एक आक्रमण है
और भविष्य वहीं है जहां तुम दागते हो गोली।
यद्धपि तुम्हारे पास सब कुछ है
फिर भी नहीं है एक चीज
और वह है ईश्वर।

-रुबन देरियो (रूजवेल्ट के लिए)

अंत में बेन्जामिन फ्रैंकलीन का यह महत्वपूर्ण संदेश आपको देना चाहूँगा की "यदि आप चाहते हैं की मृत्यु के बाद आपको भुलाया नहीं जाए तो पढ़ने योग्य कुछ लिखिये या लिखने योग्य कुछ करिये।"

कविताओं के बाद सम्मिलित किए गए 'परिशिष्ट' में 'प्रतिकाव्य परिषद' के लिए अमेरिकी विचारकों द्वारा सुझाए गए प्रस्ताव और घोषणाएं दी गई हैं। ये कवियों और कलाकारों के लिए पठनीय और विचारणीय हैं।

कविताओं के संकलन से लेकर प्रकाशन तक, घर बैठे मिली सहायता के लिए, मैं मेरी साहित्य-प्रेमी पत्नी डॉ. शोभा को भी धन्यवाद देता हूँ।

-डॉ. उमराव सिंह चौधरी
के-404, शालीमार टाउनशिप,
ए.बी. रोड, इन्दौर

पैसे की पैठ

सी. के. विलियम्स
C. K. Williams
(1936-2015)

कैसे पहुंच गया पैसा हमारी आत्मा में
कैसे उठ गए क्षुद्र डॉलर और सेंट
बजबजी गन्दगी से ऊपर?
कैसे जा बैठा पैसा-
हमारी चेतना की दरार में?
कैसे फंस गया कांटे जैसा
हमारी मांसपेशियों में?
फैला रही है ताप और शीत का प्रकोप
निरुद्देश्य इच्छाएं और असीम आवश्यकताएं
बैक्टीरिया बनकर,
बढ़ा रहे है बेचैनी विषाणु
हमारे न्यूरॉन्स में घुसकर,
ये हो गए है संक्रमित
हमारी दानशीलता और आत्मसम्मान के
पवित्र स्थलों तक।
बनाना चाहते हैं हम अवश्य
हमारी आत्मा को विशाल और सर्वस्पर्शी,
संवेदनशील और सर्वज्ञ।
लेकिन यह सब नहीं:
वह पैसा जो दहाड़ते हुए-
धन-ऋण बटालियनों के साथ

लगा रहा है कैम्प लाभ-हानि के
वह खुशी जो बदल दे
जीवन को जोड़ बाकी में,
बना दे उसे कंकरो से भरा जेब-
अपनी बाढ़ से
ऐसा दुःख जो बन जाए
चीखता हुआ अपूर घाव,
बदला लिया जाना चाहिए-
इस संक्रमण का हर कीमत पर।
ये उत्पीड़क क्रय और विक्रय
लोभ कलंक और भ्रष्टाचार की महामारी,
कहाँ ले जायेंगे हमें?
खड़ा कर दिया है पैसे ने
आत्मा को आत्मा के विरुद्ध,
कितना मजबूत और घातक है-
इसका टंग्सटन-पंजा
आखिर यह सब होने क्यों दिया-
हमने हमारे ही साथ?

किसकी है यह धरती?

मार्टिन किज़्क़ो[1]

Martin Kiszko

(जन्म: 1958)

अवैध बंदूकों से शिकारियों की

बच नहीं पाएंगे बेचारे हिप्पो।

क्या देख रहे हैं अपना अंतिम सूर्यास्त

बोट्सवाना के चीते?

जैसे जैसे पिघल रही है आर्कटिक बर्फ

घटती जा रही है ध्रुवीय भालुओं की संख्या,

क्या कर पाएंगे भरोसा मनुष्यों का

इथियोपिया के भेड़िये?

क्या कर सकेंगे अमेरिका के जागुआर

पशुमेध पर उतारू शिकारियों का सामना?

क्या बचा पाएंगे हम ताल और तलैया

उभयचर कलगीदार प्राणियों के लिए?

क्या बचा पाएंगे सर्प अपने बिल और बाँबियां-

पसरती हुई सड़कों के जाल से?

कौन पा सकेगा प्राथमिकता

पार्किंग के पाताल या प्युअर्टो रिको के मेंढक?

क्या निर्मम पेड़-कटाई

---

1. यू. के. के. ग्रीन कवि हैं।

रहने देगी कोआलाओं[2] को अपने कोटर में?
क्या करेंगे हम उनकी चिंता
या चलने देंगे अंधाधुंध मारकाट?
रखते क्यों नहीं हम ध्यान उनका-
रहते हैं जिनके साथ इस धरा पर?
देते क्यों नहीं सम्मान और स्वीकृति
उनकी सच्ची गरिमा और मूल्यवत्ता को?
लुप्त नहीं होने देंगे हम गुमनामी में
अपने सर्वोत्तम मित्रों को,
इसीलिए करें साथ-साथ हम काम और
लौटाए उनका यथोचित स्थान इस धरती पर।

---

2. कोआला: छोटे भालू जैसा प्राणी है।

अश्वेत औरत

मारी एवंस
Mari Evans
(जन्म: 1923)

मैं एक अश्वेत औरत हूँ
साइप्रस वृक्ष की तरह ऊँची और सुदृढ़,
सभी परिभाषाओ से परे।
स्थान समय और परिस्थिति के-
प्रहारों से टकराती,
अप्रवेश्य और अविनाशी,
तुम मुझे देखो और
पुनर्नवीनीकृत हो जाओ।

मेरी विद्युत आवेशित कविताएं

व्लादिमीर मायकोवस्की
Vladimir Mayakovsky
(1893-1930)

मेरी कविताएं
अपने समये और सरकारों के कानों पर से
उड़कर निकल जायेंगी।
मेरी कविताएं कामदेव के धनुष से निकले
दुर्बल बाण की तरह नहीं आएंगी,
न ही उस पैसे की तरह जो-
किसी कांपते हुए सिक्कों के संग्राहक के पास आता है,
न ही किसी मृत नक्षत्र से आएंगी।
वे उस सख्त और भारी विशाल जबड़े की तरह आएंगी
जिसे किसी चट्टान से काटा गया है,
वे उस नहर की तरह आएंगी
जो सदैव बहती रहती है।
तुम उनके संपर्क में आ सकते हो-
किसी पुरानी पुस्तकों की दुकान पर,
एक विद्युत् आवेशित स्तंभ की तरह
सीधी और सख्त रेखाएं।
मेरी कविताएं
सुन्दर युवतियों के कानों को
न तो काटती है न ही चूर्ण करती है,
न ही मेरी कविताएं योद्धा की तरह-
बाहर कूद पड़ती है।

वे ललकारती हैं: "काट डालो इन्हें"

हाथ से हाथ और पैर से पैर तक

उनके शब्द गोलियों की तरह करते है वार-

दमनकारियों के दिमागों को फोड़ने के लिए।

दुनिया के मजदूरों देखो,

मैं अपना सब कुछ तुम्हें दे रहा हूँ।

तुम्हारा हर दोस्त, मेरा भी दोस्त है,

चाहे वह दुसरों के लिए बहुत बुरा हो!

जब तुम भूखों मर रहे हो और

तुम्हारा खून भाप बन रहा है,

तुम संघर्ष करते हुए धावा बोल दो।

मार्क्स और एंजिल की पुस्तकें महान थी

लेकिन हमे उन्हें पड़ने की जरूरत नहीं पड़ी,

क्योंकि हम जानते थे की हम कहाँ खड़े थे?

हीगेल और उसकी द्वंद्वात्मकता मुझे मत दो,

उसने आपस में टकरा कर एक-दूसरे का सिर फोड़ लिया है,

उन फूटती खोपड़ियों से निकली आवाज

मेरी कवितायें हैं।

जैसे प्रतिभा और प्रसिद्धि

एक गन्दी नाली में बहा दी जाती है

वैसी ही वहां कविताओं की भी दुर्गति हुई हैं?

करोड़ो लोग गन्दी नालियों में बहाकर-

स्वर्ग पहुंचा दिए गए हैं।

प्रतिमाओं और स्मारकों को

नर्क में जाने दो,

हम काफी प्रसिद्धि पा चुके हैं।

हमारे स्मारक समाजवाद के लिए
बहाये गए रक्त से बने हैं।
इसलिए जाओ और उनके अर्थ
अपने शब्दकोश में देखो:
परिवर्तन को जमीन में गाड़ दो।
तानाशाहों तुम स्वयं को स्वस्थ बनाये रख सकते हो,
मुझे तुम्हारे लिए मृत्यु की विशाल
नीली जीभ से गीत गाना पड़ेगा।
तुम्हारे लिए मुझे एक उड़ती हुई प्रागैतिहासिक-
छिपकली जैसा दिखाई देना पड़ेगा।
अच्छा जीवन? अरे यह सब रहने दो,
पंचवर्षीय योजना को भी विदाई दे दो।
मेरे पास एक लाल सेन्ट भी नहीं है,
फर्नीचर तो कभी मेरे घर आया ही नहीं।
किन्तु सबसे पहले मैं चाहता हूँ कि
एक साफ-सुथरी कमीज मुझे मिल जाए,
अब मैं स्वयं पर कम ध्यान नहीं दूंगा।
भविष्य में खुश होकर जब मैं त्सीकाका जाऊंगा
तब मेरी कविताओं की पुस्तकों को उठाकर-
चुपचाप धीमी गति से संभलकर चलने वाले
लोगो के सिर पर रख दूंगा।

योरपा: मूर्खता का चलचित्र

एनैतोल स्टर्न
Anatol Stern
(1899-1968)

खाने में मिलता है हमें मांस
महीने में एक बार
लेते है हम सांस महंगे गंधक की हवा में,
घसीटते हैं सड़कों पर-
पिचके पेटों की कतारें
भरे हुए हैं हमारे जेब निर्बल मुक्कों से
हारेंगे-हारेंगे हम हमेशा की तरह।
भरते हैं वे हमारे पेट
उंडेलते है गले में वे खाना प्रेतात्मा के लिए!
उतारते हैं वे हमारी आंतो में उपदेशों के-
पांच सौ मीटर लम्बे 'त्रिचिना' परजीवी।
पश्चिम के चीन में वहां के-
राजनेता और कारकूनो की मंडली
जबरन डालती है हमारे मुंह में-
अखबारों के बदरंग फीताकृमि और
कुटिल क्रूर शब्दों के विषाणु
बंद करो हमे विषाक्त करना
नहीं है हम चूहे प्रयोगशाला के,
होते यदि हम मजदूर-चूहे तो-
काट खाते उन श्वेत मांसल अंगुलियों को
जो विषैली धूल चूर्ण पन्नों की-

सतत् सरकाती रहती है हमारी ओर।

बैठकों के भव्य 'शॉवर बाथ'

दुष्प्रचार की मालिश और

आतंक की क्राइस्ट-कथा,

ये है वे खाइंया जिनमें कूद रहे है हम

क्योकि कूद नहीं सकते स्वर्ग में हम।

विश्व-युद्ध के संचालकों की फिल्म:

अंधे कैमरामैन

मिटे हुए सारे शीर्षक

हजारों हाथों के चीखते इशारे

अभिनेताओं की आँखों का क्रूर अभिनय,

मूर्खता का चलचित्र

लबालब भरा हुआ संख्या के कीटों से

जो कुछ भी नहीं करता स्पष्ट।

फैलाता हुआ घृणा

मोड़ और घुमावों का आतंक

सब कुछ लाल-लाल

किन्तु लड़ रहा है कौन?

उस मुक्त मानव-हृदय के लिए

जो विश्व के सारे सुन्दर सिलेशियाओ[1] से-

है बहुत-बहुत आकर्षक

और है सारी स्वाधीनताओं से ज्यादा प्यारा।

मुस्कुरा रहे है अपने काले चेहरों से-

लाखों नृत्यागार,

---

1. सुन्दर (द्वीप) नगर 'सिलेशिया' का बहुवचन

सापेक्षताओं के शिम्मी नृत्य

आर्थिक आपदाओं के छल-कपट

इन सबके पांवों तले

ध्वस्त हो रहा है

योरप का काष्ठ-पटल।

क्या हम चाहते है यही

अवधारणाओं का लघु उत्सव और

पूर्वी शैली में बौद्धिक अवगाहन?

अरे छोड़ो यह सब

नीचे करो सबसे पहले बैयोनट को

जिससे चीरते हो तुम पेट दीन-दुखियों के!

हाथों से तुमने अपने

पैदा किया है निकटतम परिवार वस्तुओं का

खड़ी की है तुम्ही ने जटिलताओं की अनंत सीढ़ी

गढ़े है विचित्र शब्द नई अभिव्यक्ति के लिए।

बना दिया है शहरी जीवन

बहुस्वरित्र केबल के संगीत की महफ़िल।

रात और दिन के लिए

बजता है जिसमे तबलों की थाप पर-

सीवर पाइपों का ऑर्केस्ट्रा,

रात भर चमकते विद्युत्-दीपों की निराशाजनक चकाचौंध

और सर्वाधिक पीड़ादायी मोटर कारों का शोर-शराबा

डुबा देता है शहर को एक महाशून्य में।

तो आप लेखक बनना चाहते है?

चार्ल्स बुकोवस्की
Charles Bukowski
(1920-1994)

हर एक कोशिश के बाद भी-
यदि वह आपके भीतर से फूटकर नहीं निकलता
तो आप लेखन मत कीजिए।
जब तक यह बिना बुलाए
आपके हृदय, मानस, अंतस और मुहं से
निकलकर बाहर न आये
तब तक लेखक बनना छोड़ दीजिए ।
यदि कंप्यूटर स्क्रीन पर नजर गड़ाए
आपको घंटो बैठना पड़े
या टाइप राइटर पर शब्द खोजने के लिए
कई कल्पनाएं करनी पड़े तो
लेखक बनना भूल जाइये।
यदि आप धन और प्रसिद्धि के लिए
लेखक बनना चाहते है तो
लेखन से हाथ जोड़ लीजिए
यदि आप अपने बिस्तर में
सुंदरियां बुलाने के लिए,
लेखक बनना चाहते है तो
लेखन को नमस्कार कह दीजिए।
यदि आपको कहीं बैठकर
बारंबार लिखना पड़े तो

लेखन से पीठ फेर लीजिए।
यदि लेखन के बारे में सोचना मात्र
बहुत भारी लगे तो
लेखन से मुँह मोड़ लीजिए।
यदि आप किसी अन्य की तरह
लिखने की कोशिश कर रहे है तो
लेखक बनना भूल जाइए।
यदि आपको अपने अंदर से
लेखक की आवाज सुनने के लिए ठहरना पड़े
तो धैर्यपूर्वक प्रतीक्षा कीजिए।
यदि आपके अंदर से उसकी आवाज नहीं आती
तो फिर कोई दूसरा काम कीजिए।
यदि अपने लेख को पहले अपनी पत्नी
या महिला-मित्र या पुरुष-मित्र या माता-पिता
या अन्य किसी के सामने पढ़ना-
अनिवार्य समझते है तो
आप लेखन के लिए तैयार नहीं है।
अन्य तमाम लेखकों जैसे आप मत बनिए,
उन हजार लोगो जैसे मत बनिए-
जो अपने आप को लेखक कहते हैं,
न तो मंद, न नीरस, और न छद्म बनिए
और न ही आत्मरति के शिकार होइए,
विश्व के पुस्तकालय ऐसे लोगो के सामने
थककर सो गए हैं।
अपनी इस प्रवृति को आगे मत बढ़ने दें
तब तक लेखक बनने की बात नहीं करें-
जब तक की लेखक आपकी आत्मा से

रॉकेट की तरह नहीं निकलता।
जब तक आपका शांत बना रहना
आपको पागलपन, आत्महत्या या हत्या तक
खींच नहीं ले जाता,
तब एक लेखक बनना स्थगित कर दें।
जब लेखक बनने के समय सचमुच आ जाये
और इस काम के लिए आप चुन लिए जाएं,
तब अपने आप लेखक बनने की प्रक्रिया का-
आरम्भ हो जाएगा और वह तब तक चलती रहेगी
जब तक कि आप या स्वयं मर नहीं जाती,
इसके अलावा कोई रास्ता नहीं है,
और न कभी पहले था।

प्रसिद्धि

हेनरी डेविड थोरो
Henry David Throeau
(1817-1862)

ललचा नहीं सकती प्रसिद्धि कवि को
क्योंकि होता है वह प्रिय अपने परमात्मा का,
उसे पुरस्कृत नहीं कर सकता कोई सम्मान
जिसके साथ विधाता का हो हाथ।

कानून सूरज है

डब्ल्यू एच ऑडेन
W. H. Auden
(1907-1973)

कहते है माली 'कानून सूरज है'
कानून एक है,
सभी करते आये है उसका पालन
कल, आज और कल।
कानून विवेक है पुराने लोगों का।
दुर्बल दादा-दादी डाँटते है ऊँची आवाज में
पोता-पोती देते है जवाब-
तिगुनी तीखी आवाज में
कानून है इन्द्रियाँ युवाओं की।
पुरोहित और पुरोहित जैसे लोग
करते है व्याख्या कानून की-
आम लोगो के लिए,
कहते हैं वे, कानून शब्द है उनके धर्मग्रंथो के
धर्म उनका पुल्पिट है, मीनार है चर्च से भी ऊँची।
देखते हुए अपनी नाक के नीचे न्यायाधीश-
कहते है स्पष्ट और कठोर शब्दों में
"कह चुका हूँ मैं जैसा कि पहले
मानता हूँ जैसा कि मैं,
समझाता हूँ तुम्हे एक बार फिर
कि कानून है बस कानून।"
लिखते है कानून को जानने वाले विद्वान:

कि कानून न तो होता हैं सही और न गलत
केवल समय और स्थान के अनुसार
कानून करता है दंडित अपराध को,
कानून है वस्त्र जिसे पहनता है मनुष्य।
किसी भी समय और किसी भी जगह
कानून है 'गुड मॉर्निंग' और 'गुड नाईट'!
कहते हैं कुछ लोग कानून है उनका भाग्य।
कहते हैं दूसरे कानून है उनका राज्य,
कहते हैं तीसरे और चौथे कुछ और ही-
चल बसा है कानून,
विदा हो गया है कानून।
कहती है शोर मचाती उग्र भीड़
अधिक क्रुद्ध होकर और चीखते हुए:
"हम ही हैं कानून"
सीधा-सादा जड़मति हमेशा कहता है नम्रता से:
"मैं ही हूँ कानून"।
यदि समझते हो तुम की हम जानते हैं कानून
तो कहूँगा, मैं कि हम जानते नहीं कुछ भी उनसे ज्यादा,
यदि जानता हूँ मैं तुमसे अधिक कि
क्या करना और नहीं करना चाहिए तो-
होगा यही बेहतर कि खिन्न या खुश होने की बजाय
हो जाएं हम सहमत इस बिंदु पर कि
'कानून हैं 'और सब जानते है इस बात को।
यदि निरर्थक है यह सोच कि
अन्य शब्दों जैसा ही है 'कानून' तो
अन्य लोगों से अलग मैं नहीं कह सकता यह कि
कानून सामूहिक इच्छा के दमन का शस्त्र-

होने के अलावा नहीं है कुछ और,
ताकि हटकर अपनी स्थिति से या लगाकर उसका अनुमान
पहुंच जाएँ हम एक तटस्थ या सरोकार विहीन गुफा में।
यद्यपि कर सकता हूँ मैं सीमित
तुम्हारे और मेरे दंभ को
फिर भी, संकोच के साथ बताया जाए-
एक कातर समानता को
तो हम कह सकते है बढ़ा-चढ़ाकर
कि कानून होता है प्रेम की तरह:
प्रेम में हम नहीं जानते कहां और क्यों,
और न कर सकते हैं स्थिति से पलायन
प्रेम में हम रोते-झींकते रहते हैं सदैव-
और शायद ही कभी करते है प्रेम की परवाह।

तरबूजी बुद्ध

चार्ल्स सिमिक

Charles Simic

(जन्म: 1938)

फलों के स्टैण्ड पर बैठे
हरे-भरे बुद्ध,
हम खा गए उनकी मुस्कान
और दांत फेंक दिए निकालकर।

अधिक प्यार करने वाले

डब्ल्यू. एच. ऑडेन
W. H. Auden
(1907-1923)

सितारों की ओर देखकर
मैं यह अच्छी तरह समझ गया कि
उनके द्वारा मेरा ध्यान रखने के बाद भी
मैं नरक में जा सकता हूँ।
किन्तु धरती पर उदासीनता सबसे कम है,
हमें मनुष्य या पशु से डरना पड़ता है।

हमें यह बात कैसी लगेगी कि सितारे-
भावावेश में हमारे लिए जलते रहें,
चाहे हम कोई प्रतिदान नहीं भी करें
और समान स्नेह संभव नहीं हो तो भी
हमें उनसे अधिक प्यार तो करना ही चाहिए।

संदेह नहीं कि उन सितारों का मैं प्रशंसक हूँ
जो मेरे लिए कुछ नहीं करते,
अब मैं उन्हें देख भी नहीं सकता
पूरे दिन उनके बिना रहना मुझे भयानक लगता है।

ऐसा भी संभव है की धीरे-धीरे
सभी सितारें अदृश्य होते चले जाएं,
इसलिए, मुझे रिक्त आकाश की ओर
देखना सीखना ही पड़ेगा।
उसकी अंधकारमयी सम्पूर्ण उदात्तता की

अनुभूति करनी ही पड़ेगी,
यद्यपि उसके लिए थोड़ा-बहुत समय
तो लगेगा ही।

2.

कवि

कुछ भी हो
उनका व्यावसायिक विश्वास,
होते हैं सभी कवि
सचमुच ही बहुदेववादी।

प्यारा प्रकाश

ऐडना विन्सेंट मिलै
Edna Vincent Millay
(1892-1950)

मेरी दियासलाई दोनों सिरों से जल रही है;
वह पूरी रात नहीं जल पाएगी,
लेकिन ओ मेरे शत्रुओं और मित्रों-
वह बहुत प्यारा प्रकाश देती है!

अमेरिका

ऐलन गिंज़बर्ग
Allen Ginsberg
(1926-1997)

अमेरिका, मैंने दे दिया है तुम्हे अपना सर्वस्व
अब कुछ नहीं है मेरे पास
याद रखो अमेरिका: दो डॉलर और सत्ताइस सेंट्स,
जनवरी 17, 1956.

नहीं कर सकता मैं खुद अपने मन- मस्तिष्क का सामना।
अमेरिका, हम कब करेगें खत्म मानव-युद्ध?
जाओ तुम करो आलिंगन अपने एटम बम का।
मुझे नहीं लग रहा है अच्छा, मुझे मत करो परेशान
ठीक नहीं हो जाती जब तक मेरी मनोदशा,
मैं नहीं लिखूंगा कविता।
अमेरिका कब बनोगे तुम देवदूत?
कब उतारोगे अपना मुखौटा?
कब आएगा ख्याल तुम्हे अपने अंत का?
कब बनोगे लाखों ट्राट्सकियों की सोच के अनुकूल?
अमेरिका, क्यों है तुम्हारे पुस्तकालय आसुँओ से गीले?
अमेरिका, कब भेजोगे भारत तुम्हारे अंडे?
मैं दुखी हूँ बेहद तुम्हारी बेहूदी माँगों से।
सुपरमार्केट जाकर कब मैं अच्छे चेहरे-मोहरो के साथ-
खरीद सकूंगा अपनी जरूरत की चीजें?
अमेरिका, सचमुच पूर्ण हो तुम और मैं ही हूँ,

दूसरी कोई दुनिया नहीं।

जरूरत से ज्यादा है तुम्हारी मशीनरी मेरे लिए,

यदि तुम मुझे बनाना चाहते हो संत तो-

खोजना होगा अलग रास्ता इस तर्क के समाधान के लिए।

बरोज़ तो टैंजियर्स[1] में है

मैं नहीं सोचता कि वह आएगा वापस

यहाँ आना बहुत बड़ा खतरा है उसके लिए

बन रहे हो तुम खतरा या कर रहे हो हँसी-मजाक?

मैं करना चाहता हूँ बात, ठीक बिंदु पर आकर

मैं छोड़ नहीं सकता अपनी भयग्रस्तता,

अमेरिका, बंद करो धक्का देना

मैं जानता हूँ मुझे करना क्या है।

अमेरिका, पक कर गिर रहे है प्लम

पढ़े है मैंने अखबार महीनों तक

हर दिन चलता है अभियोग हत्या का, किसी न किसी पर।

अमेरिका, मैं भावुक हूँ बहुत वोबलीज[2] के बारे में

अमेरिका, दुःख नहीं हैं मुझे इसका कि मैं तब कम्युनिस्ट था -

जबकि मैं एक बच्चा था।

मौका जब भी मिलता है तब मैं पीता हूँ जरूर मारीजुआना,

बैठकर घर में सप्ताह की समाप्ति पर

देखता रहता हूँ क्लोजेट में रखे हुए गुलाब

जाता हूँ जब मैं चाइना टाउन तब पी लेता हूँ खूब

लेकिन बढ़ाये नहीं कदम कभी यौनाचार की ओर।

---

1.   मोरक्को में शहरी बंदरगाह
2.   पूंजीवाद के विरोधी श्रमिक

कहता है मेरा मन की आने वाली है परेशानी

देखा होगा तुमने मुझे पढ़ते हुए मार्क्स

कहते है मेरे मनोविश्लेषक ठीक हूँ मैं बिलकुल।

करूंगा नहीं मैं प्रार्थना भगवान की

रहस्यमय है मेरी भविष्य दृष्टि

महसूस करता हूँ मैं ब्रह्मांडीय कम्पन।

अमेरिका, तुम्हे मैंने बताया नहीं है अभी तक कि

लौटने पर रूस से अंकल मैक्स के साथ क्या किया है तुमने?

सम्बोधित कर रहा हूँ मैं तुम्हें

क्या तुम करना चाहते तो 'टाइम' पत्रिका के हवाले-

तुम्हारे भावात्मक जीवन का संचालन?

भयभीत हूँ मैं 'टाइम' पत्रिका से

पढ़ता हूँ मैं उससे हर सप्ताह

घूरता रहता है उसका मुखपृष्ठ उस समय

जब दुबक कर निकलता हूँ मैं नुक्क्ड़ के कैंडी स्टोर्स से,

पढ़ता हूँ मैं उसे बर्कले[3] की पब्लिक लायब्रेरी के बेसमेंट में

हमेशा जिम्मेदारी के बारे में बताती है ये मुझे।

कहता है व्यापारी: मूवी प्रोड्यूसर होते हैं गंभीर

छोड़कर मुझे, होते हैं सब गंभीर,

लगता है मुझे कि हूँ मैं अमेरिका

बोल रहा हूँ फिर से मैं स्वयं से।

खड़ा हो रहा है एशिया मेरे खिलाफ

नहीं है मेरे पास अवसर चीनी आदमी की तरह,

बेहतर होगा मेरे लिए कि मैं सोचूं

---

3. अमेरिका का यूनिवर्सिटी नगर

अपने राष्ट्रीय संसाधनों के बारे में।
मेरे राष्ट्रीय संसाधन हैं: मारीजुआना के दो ज्वाइंट,
लाखों जननांग, अप्रकाशनीय निजी साहित्य,
1400 मील प्रति घंटा की रफ्तार से उड़ने वाले जेट प्लेन्स,
और 25000 मानसिक चिकित्सालय।
न तो मैं कुछ कहना चाहता अपने यहाँ के जैलों
और न ही उन लाखों वंचितों के बारें में जो रहते हैं
फ्लावर पॉट्स में, सहते हुए पाँच सौ सूर्यों की रोशनी।
बंद करा दिए है मैंने फ़्रांस के वैश्यालय,
अब यही करने वाला हूँ यहाँ टेंजियर्स में भी,
कैथलिक होने के बावजूद, महत्वकांक्षा है मेरी-
प्रेसिडेन्ट बनने की।
अमेरिका, तुम्हारी मूढ़ता भरी मनोदशा में
कैसे लिख सकता हूँ मैं प्रार्थना-पत्र
चर्च-सर्विस में रखने के लिए
हेनरी फोर्ड की कारों की तरह
मैं अपनी कविता के अनुच्छेदों की पहचान भी
बनाये रखूंगा बिलकुल वैयक्तिक और स्वतंत्र,
हां, उन कारों का लिंग भी अलग-अलग है।
अमेरिका मेरे स्ट्रोफ्स[4] तुम्हे 25000 डॉलर प्रति नग
के हिसाब से बेचूंगा और
तुम्हारे पुराने स्ट्रोफ्स 500 डॉलर की दर से खरीदूंगा।
अमेरिका, मुक्त करो श्रमिक नेता टॉम मूनी को
अमेरिका, रक्षा करो स्पेनिश वफादारों की

---

4.   सुन्दर संगीत/कविता रीडर/कविता के पद (Strophes)

अमेरिका, मरना नहीं चाहिये सैक्को और वैनजेटी[5] को,
अमेरिका, मैं वंशज हूँ स्कॉट्सबोरो[6] का।
अमेरिका, जब मैं सात साल का था तब ले गई थी मेरी माँ
मुझे कम्युनिस्ट प्रकोष्ट की बैठकों में
वे दे देते थे हमें एक निकल[7] में मुठी भर गारबेन्जोज[8]
और सुनाते थे भाषण मुफ्त में।
मजदूरों को लेकर हर एक वक्ता हो जाता था भावुक
और लगता था देवदूत।
आयोजित किया गया था सब कुछ
बड़ी निष्ठा और मनोयोग से।
मालूम नहीं है तुम्हें कि पार्टी कितनी अच्छी थी 1835 में।
अमेरिका तुम सचमुच ही नहीं चाहते युद्ध करना,
वे रुसी ही बुरे लोग है जो उतारू है युद्ध पर।
चीनी भी रूसियों से नहीं है कम
बलांध है रुसी और हमे कच्चे चबाना चाहते है।
हमारे गराजों से ये ले जाना चाहते है हमारी कारें।
ये हड़पना चाहते है हमारे शहर शिकागो को,
उन्हें जरूरत है रेड 'रीडर्स डाइजेस्ट' की।
वे ले जाना चाहते है हमारे ऑटो प्लांट्स साइबेरिया में।
उनके नौकरशाह करना चाहते है
हमारी फिलिंग स्टेशन का संचालन।
शुभ नहीं है उनकी यह सोच-

---

5. इटली में जन्मे अराजकतावादी
6. अलाबामा में श्वेत कन्याओं के साथ दुष्कर्म करने वाले लड़के (1931)
7. पांच सेन्ट
8. चिकपीस।

अरे! वे 'इंडियन्स'[9] को बनाना चाहते है साक्षर,
उन्हें जरूरत है ब्लैक निगर्स की बड़ी तादात में
वे कराना चाहते है प्रतिदिन उनसे 16 घंटे काम।
अमेरिका, गंभीर है यह मामला
हमारी सहायता करो अमेरिका,
अमेरिका मेरा यह ख्याल बना है टेलीविजन देखने से,
क्या यह सच है अमेरिका?
बेहतर होगा मैं शुरू कर दूँ अपना काम।
सही है यह कि न तो मैं भर्ती होना चाहता हूँ सेना में,
और न ही लैथ मशीन चलाना चाहता हूँ कारखाने में।
मैं पीड़ित हूँ मनोरोग से और देख नहीं पाता चीजें दूर की,
अमेरिका अब मैं चाहता हूँ चलना,
अपने कठोर परिश्रम के मार्ग पर।

---

9.   अमेरिका के आदिवासी (इंडियंस)

सीमा रेखाएं

मार्या मैन्स
Marya Manes
(1904-1990)

शांत और न्यायिक लेखनी चुभोकर
अजनबियों द्वारा
खींची जाती है सीमा-रेखाएं
मनुष्यों के हृदयों पर।
और जब सीमाओं पर
बहने लगता है लहू
हम भयाक्रांत हो कर देखते है कि
स्याही से नक्शे पर खींची गई रेखाएं
हो गयी हैं लाल सुर्ख।

रूजवेल्ट के लिए

रुबेन दारियो

Ruben Dario

(1916-1967)

शिकारी जो आवाज पहुँचेगी तुम तक
है उसका लहजा बाइबिल का और स्वर-
वॉल्ट व्हिटमॅन की कविता का।
तुम हो एक साथ आदिम और आधुनिक, सरल और जटिल
तुम्हारा एक हिस्सा है जॉर्ज वाशिंगटन
और दूसरा निमरोद[1]।

तुम हो संयुक्त राज्य,
इंडियन रक्त वाले हमारे मूल और सरल अमेरिका के-
भावी आक्रमणकारी,
वह अमेरिका जो करता है आज भी ईसा की प्रार्थना
और बोलता है स्पेनिश।
तुम हो तुम्हारी प्रजाति के सुदृढ़ और गर्वित आदर्श
तुम हो सभ्य, सुयोग्य और टॉल्स्टोय विरोधी,
तुम हो सिकंदर और नेबुखडनेजर जो
दक्ष थे घोड़ो को घायल करने और चीतों को मारने में।
(आजकल के सिरफिरे जैसा कि कहते हैं
तुम प्रोफेसर हो ऊर्जा के)
तुम्हारी सोच है कि जीवन है एक ज्वाला,

---

1. बेबिलोनिया का राजा और येरूसलम का विजेता

प्रगति है एक आक्रमण,

और भविष्य वहीं हैं जहां तुम दागते हो गोली।

संयुक्त राष्ट्र है प्रबल और विराट

जब कभी कांपता है यह तब होती है गहराई तक-

थरथराहट एंड्स पर्वत श्रेणी के विशाल मेरुदंड में,

हल्लाता है जब यह हर्ष

तो इसकी आवाज में दहाड़ता है शेर।

कहा था ह्यूगो ने ग्रांट से:

"तुम्हारे हैं ये सारे नक्षत्र"

(अर्जनटीना के उगते सूरज में नहीं है आभा,

हो रहा है उदय चिली के सितारे का)

मैमन मार्ग को जोड़ रहा है एक धनी देश-

हर्क्युलिस के पंथ से।

जलाकर मशाल न्यूयार्क में आजादी की मूरत

कर रही है आलोकित पथ सरल विजय का

किन्तु हमारा अपना अमेरिका जिसके थे अपने कवि,

नेत्सावाल्कोयोत[2] के ज़माने से,

जिसने किया है अनुसरण महान बेकस[3] के पदचिन्हो का

और सीखी है एक बार स्पेनिश वर्णमाला भी,

लिया था परामर्श उन नक्षत्रों से-

जो जानते थे एटलांटिस को,

(गूंजता आ रहा है जिसका नाम प्लूटो के माध्यम से)

जो रहा है अपने जीवन के आरंभिक क्षणों से ही

प्रकाश, अग्नि, सुगंध और प्रेम के बीच,

---

2. टेक्सकोको के शासक

3. मदिरा के देवता

वह अमेरिका है माक्टेसुमा[4] और एटावाल्पा[5] का

वही कोलम्बस का सुगन्धित अमेरिका

कैथलिक अमेरिका, स्पेनिश अमेरिका,

वही अमेरिका जहाँ कहा था नोबेल विजेता क्वावटेमॉक[6] ने:

"नहीं हूँ लेटी मैं गुलाबों की सेज पर"

तूफानों और प्यार से आंदोलित हमारा अमेरिका:

और सैक्सन आँखों बर्बर आत्मा वाले लोगों

हमारा अमेरिका जीवित है और देख रहा है स्वप्न

लुटा रहा है वह अपना प्यार।

सावधान रहें-

यह "बेटी है सूर्य की"

स्पेनिश अमेरिका अमर रहे।

घूम रहे है आजाद

स्पेनिश सिंह के हजारों शावक

स्वयं ईश्वर की इच्छा से,

जकड़ने से पहले हमें अपने लौह-पंजो में,

रूजवेल्ट बनो तुम दुर्दम्य राइफल मैन और भयानक शिकारी

यद्यपि है तुम्हारे पास सब कुछ,

फिर भी है नहीं एक चीज़ और वह है: "ईश्वर"।

---

4. एजटेक का नैतिकता का पक्षधर राजा
5. इंका (पेरू) का अंतिम स्वाधीन सम्राट (1532-33)
6. एजटेक का सम्राट

एपहर्ड (Apeherd)

मंग के

Mang K

(जन्म: 1951)

अच्छी हुई है फसल इस वर्ष:
गड़े हुए हैं बहुत से शव जमीन में,
मानवीय है स्वाद इन तगड़ी फसलों का।
हो रहे है एकत्र मैदान में हमारे बच्चे
खा और खेल रहे है बड़े लालच से
वैसे ही जैसे कि करते है बछड़े जुगाली-
खाकर घास की मीठी जड़ो को।
खेत पर कठोर श्रम करने वाली औरतें
देखो! उनकी आँखे वैसे ही उत्सुक हैं
जैसे कि पक्षी दाना-खाना लेकर-
उतावले होते है उड़ने के लिए घर की ओर
एकत्रित दानों को छुपाने के लिए अंधेरे घोसलें में।
होकर चौकन्नी देख और चल रहीं है औरतें
उनके पुष्ट पुरुष बो रहे है अपनी कामुकता खेतों में,
उनके गीली मिट्टी गूंधने वाले हाथ
धारण कर लेते है कामुक मुर्गे का रूप
जो झपट पड़ता है एकदम घास पर लेटी मुर्गी पर।
इस वर्ष भी हुई है अच्छी फसल:
देखो वे नई नवेली दुल्हनें तरोताजा मछलियों की तरह
अपने मनचले प्रेमियों के मुँह में ला रही हैं लार।

एक आदमी एक औरत को हौले से-

उठाता हैं दोनों हाथों में,

मानो वह रख रहा हो उसे एक प्लेट में,

बर्फ पर मंडराते कौए की तरह

झुकता है उसका ललचाया हुआ सिर।

देखो फिर से आजू-बाजू के मकानों को

चिंता मत करो अँधेरे की,

कर दो बस छेद कागज की खिड़कियों में

अंदर झांकने दो तुम्हारी आँख को,

क्या तुम देख सकते हो?

क्या है भीतर का हाल-चाल?

यदि अभी अच्छा है दिन का उजाला

और चुभ रही है सूरज की किरणें

तो क्या अंदर का दृश्य करता है पैदा-

खतरा, दिल के दौरे का?

चले जाओ तुम पड़ोस के

छायादार स्ट्रीट में

वहां कुछ भी नहीं है तुम्हारे डराने जैसा

झाँक रहीं है धंधेबाज लड़कियां दीवार की दरार से,

चौंकना मत यदि उनके रंगे-पुते फूले चेहरे

बैठ जाएं मेंढक की तरह तुम्हारे शरीर पर,

डरना मत उनके वक्षों में छिपे बिच्छूओं से,

करना उनसे बातें आगे बढ़कर

जब कहोगे तुम उनसे: "क्या हालचाल है?"

तब बताना, तुम्हे मिलता है क्या सुनने को।

आई है इस वर्ष भी अच्छी फसल:

उतर रही है रात टिड्डियों जैसी

अदृश्य हो रही है सूरज की किरणें-

जंगल की जलमुर्गियों जैसी,

क्या जाना है अब तुम्हे अपने घर?

जाने का इरादा है बार में या डांस हॉल में,

लगाओ थोड़ी गपशप और मजा लो मटकते कूल्हों का?

यदि जाओ तुम देर से तो भी हर्ज क्या है,

अरे तुम भूल गए हो चाबी।

उस व्यक्ति के बारे में भी जरा सोचो

क्या प्रतिक्रिया होगी उस बेचारी की?

(तुम जानती हो की आने में उसने-

कर दी देर कई घंटों की,

पहले ही तुम अधसोयी हुई हो

तुम्हारे सुडौल उरोज और तुम्हारा दिल

हो गए होंगे अब शांत, क्या ऐसा नहीं है?

क्या उनमें अभी भी है चुभन हेजहॉग के कांटों जैसी?

बिना रेशे भर गरिमा के, नशे में धुत्त

लड़खड़ाते हुए वह आधी रात घर आया है,

क्या तुम उसे आने नहीं दोगी?

जागो और खोलकर आंखे देखो उस सिर को-

जो हिस्सेदार है तुम्हारे आधे तकिये का,

तुम्हारे होंठ, वे रक्तिम कीट-

क्या अभी भी उसकी त्वचा पर

धीमी गति से रेंगना नहीं चाहेंगे?)

रात बीतने पर अभी भी

क्या सोच रहे हो उन अप्रिय शुष्कताओं के बारे में

जो भोगी थी तुमने सेक्स के नाम पर,

क्या अपनी नपुंसकता की शर्म और

उसकी गर्वीली टांगो के मखौल को-
तुम समझना नहीं चाहोगे?
क्या तुम करते हो महसूस कि तुम्हारा मस्तिष्क-
रास्ते में पड़ने वाले उस मंडप की तरह है,
जो पहले ही त्याग दिया गया है, और
उसमे ठहरते है थोड़ी देर सुस्ताने वाले यात्री,
वहां कुछ भी याद रखने लायक नहीं होने के बाद भी
क्या तुम देखते हो प्राय: उसका स्वप्न?
क्या स्वप्न में थे तुम एक गधा
क्या जागोगे तुम यह देखने के लिए कि
फिर धारण कर लिया है गधे ने तुम्हारा रूप,
क्या तुमने ऐसा संदेह किया था कि-
वास्तव में बन गए हो तुम गधा या
गधे ने धारण कर लिया है तुम्हारा शरीर?

आई है इस वर्ष अच्छी फसल
मृत हैं अभी भी मृत लोग
और जीवित हैं अभी भी जीवित,
पश्चाताप कर रहे हैं हाल ही के मृतक-
कि पहले वे मरे क्यों नहीं?
आलसी जीवित लोगों के पास
अपने कंकालों के अलावा और कुछ नहीं है,
वे कोस रहे हैं अपने भाग्य को-
क्योंकि वह कभी भी नहीं आया आगे-
कम करने के लिए उनके श्रम और पीड़ा को।
क्या तुम कोशिश नहीं कर रहे हो खोजने की-
अपने दिल को इधर-उधर, क्योंकि

वह हो जाता है उस मछली जैसा जो-
खाने के लालच में फंस जाती है पकड़ने वाले के काँटे में
और खींच ली जाती है पानी के बाहर।

हुई है इस वर्ष भी अच्छी फसल
सूरज ने जला कर प्रकाश की त्वचा
कर दिया है उसे काला,
एक-एक करके दिन, धंसते जा रहे है धरती में।
मालूम कर सकते हो कि तुम संतान हो मॉन्स्टर की
लैंप के प्रकाश में बन गया है तुम्हारा शरीर-
एक बौने की छाया।
हो सकता है टुकड़े-टुकड़े भीड़ में आदमी का शरीर,
डांग-डांग-डांग करती घंटी है एक नग्न शरीर,
चलाया जा सकता है उसके दो पैरों को-
घिसटते हुए कछुए की तरह और
सिखाया जा सकता है मनुष्यों को देखना कुत्ते की आँख से,
बदले जा सकते है मुहँ तुरही में
बोल रहे है ट्विटर अथक लगातार।
डुबो दिए गए है सर्वाधिक प्रकाशमान तारे-
बाढ़ के पानी में
राज कर रहे है आकाश पर अब कुतिया के बेटे।
होता है प्रेम पत्थरों के बीच भी
ध्यान-मग्र हो कर करती है अस्थियां भी आलिंगन,
भिनभिना रहीं है मक्खियां जीवित लोगों के चेहरों पर
हौसला रखते हैं चूहे हमारे विरुद्ध संघर्ष करने का,
सड़ गई है मनुष्यता अपने मर्म तक
ठोंक रहें हैं लोग कीलें अपने ही जनाजों में

उड़ रही है अफवाहें एक तरफा, बढ़ रही है बदनामी।
खाली खोपड़ियों की दरारों से निकाल कर मांस-
खा रहे है मांसाहारी पशु,
बुनती रहती है जाला मकड़ी बड़े आराम से
डूब गया एक स्वस्थ बच्चा अपने ही मूत्र में
निरंतर झगड़ रहे है मृतक भूमिगत होकर
दिखा रहे है लाल-पीले होकर अपने दांत और पंजे
स्वर्ग के देवता,
दुर्घटना में घायल होकर भागते हुए चीते की तरह,
जिसने लगा दिए है सांझ पर अपने रक्त के धब्बे
हो गया है अदृश्य वह सूरज पर्वतों की ओट में।
पड़ी हुई है ढेर सारी त्वचा और अस्थियां
उड़ा ले जाने के लिए उन्हें काफी है एक अंधड़।

आई है इस वर्ष भी अच्छी फसल
चला आ रहा है पतझड़ दबे पांव,
है मौसम कितना दयावान-
उस क्षीण दृष्टि बूढ़े 'बस्कर'[1] की तरह
जो निकालने के लिए चमकदार सिक्का-
झुकता है गिलबिली गंदगी पर।

---

1.   घुम्मकड़ गायक/अभिनेता

कविता की प्रस्तावना

बिली कॉलिन्स
Billy Collins
(जन्म: 1941)

मैंने उनसे रंगीन स्लाइड की तरह
कविता को प्रकाश में पकड़ कर रखने के लिए कहा
या फिर वे अपना एक कान उसके छत्ते से चिपका लें,
मैंने कहा कविता में एक चूहा गिरा दो-
और उसे अपना रास्ता खोजते हुए देखो,
या कविता के कमरे में घुमा-फिरो
और बिजली का बटन खोजने के लिए
कमरे की दीवारों को छूते जाओ।
मैं चाहता हूँ कि कवि का नाम-
किनारे पर लहराते हुए,
वे कविता की सतह पर 'वाटर स्की' खेलें।
लेकिन वे सचमुच चाहते यह थे कि
कविता को कुर्सी से बांधकर-
इतना सताया जाए कि वह सब कुछ उगल दे।
यह जानने के लिए कि उसका सही अर्थ क्या है-
कविता को उन्होंने होज पाइप से पीटना शुरू कर दिया।

लेखक का पवित्रीकरण

बिली कॉलिन्स
Billy Collins
(जन्म: 1941)

मेरे लिखने का अनुकूल समय सांझ है,

सप्ताह में विशेषकर बुधवार,

लेखन की प्रक्रिया का निर्वाह मैं ऐसे करता हूँ:

लेखन कक्ष में ताजा चाय की केटली ले जाता हूँ-

और दरवाजा बंद कर लेता हूँ।

तब मैं अपने कपड़े उतार कर उनको ढेर लगा देता हूँ,

जैसे पिघलकर मैं शव बन गया हूँ।

मेरी धरोहर में है:

एक सफेद कमीज, पेन्ट का जोड़ा और ठंडी चाय का बर्तन।

फिर मैं अपना मांस उतारता हूँ और

कुर्सी पर उसे टांग देता हूँ।

मैं उसे रेशमी वस्त्र की तरह उतारता हूँ।

ऐसा मैं इसीलिए करता हूँ, ताकि मेरा लेखन पवित्र हो सके,

वह लौकिकता से पूर्णतः मुक्त हो सके,

शरीर की आसक्तियों और व्यस्तताओं से दूषित न हो सके।

अंत में, प्रत्येक अंग को शरीर से काट कर

खिड़की के पास एक छोटी टेबल पर जमा देता हूँ।

जब मैं स्वयं के वाद्य बजाने का प्रयास करता हूँ-

तो उनके पुराने राग सुनना नहीं चाहता।

अब मैं डेस्क के सामने बैठकर लिखने के लिए तैयार हूँ।

मैं पूर्णतः पवित्र हूँ:

टाइप राइटर चलाता हुआ निर्दोष अस्थिपिंजर।

बताना चाहता हूँ कि कभी-कभी मैं-

अपने शिश्न को सक्रिय छोड़ देता हूँ।

मेरे लिए प्रलोभन से मुंह मोड़ना मुश्किल होता है।

तब मैं ऐसा अस्थिपंजर रह जाता हूँ-

जिसका शिश्न टाइप रायटर पर होता है।

मैं इस अवस्था में ऐसी असाधारण प्रेम कविताएं लिखता हूँ,

जो अधिकांश रूप से कामुकता और मृत्यु के-

संबंध का शोषण करती है।

मैं स्वयं मनोयोग हूँ: मैं ब्रह्मांड में रहता हूँ,

जहाँ कामुकता, मृत्यु और टाइप रायटर के अलावा कुछ भी नहीं है।

इस अंतराल के बाद मैं अपने शिश्न को भी काट रहा हूँ,

अब मैं केवल अस्थियों और खोपड़ी के रूप में-

सायंकाल टाइपिंग करता हूँ,

बिना अलंकरण के मात्र परम आवश्यक अवशेष।

अब मैं केवल मृत्यु जैसे सर्वाधिक शास्त्रीय विषय पर,

मेरी पसलियों के बीच भरी हवा के समान-

हल्की भाषा में लेखन करूँगा।

इसके बाद सूर्यास्त के समय कार चलाने के लिए,

अपने आप को पुरस्कृत करूंगा।

अपने अंगो को यथा स्थान पुनर्स्थापित करने के लिए,

उन्हें फिर से मांसपेशियों और वस्त्रों में फ़िसलाऊंगा।

इसके बाद गराज से कार निकाल कर फिर उसे-

जंगल और गांवों के टेढ़े मेढ़े रास्तों पर दौड़ाऊंगा।

इन रास्तों पर पत्थर की दीवारें, फार्महाउस और-
बर्फ से ढके हुए तालाब अपनी पूर्णता में,
वैसे ही उपस्थित है जैसे कि-
शब्द प्रसिद्ध सॉनेट में नियोजित होते हैं।

धर्म

बिली कॉलिन्स
Billy Collins
(जन्म: 1941)

जिस तरह कुत्ता सामने के दरवाजे से
प्रत्येक सुबह बाहर निकलता है,
उसके सिर पर न तो टोपी होतीं है, न छतरी,
न ही उसके पास होता है पैसा
और न 'कुत्ता-घर' की चाबी,
पर वह मेरे दिल की तश्तरी को-
दुधिया प्रशंसा से भरने में कभी नहीं चूकता।

थोरो अपनी बिना पर्दें की कुटिया में-
एक प्लेट और चम्मच रख कर,
गांधी अपनी लाठी और लंगोटी द्वारा
बाधा रहित जीवन का सुन्दरतम उदाहरण पेश करते हैं।

सब कुछ छोड़ कर वह भौतिक दुनिया से जाती है,
साथ लेकर बस एक भूरा कोट और उसका नीला कॉलर।
उसकी बहती गीली नाक का अनुसरण करते हुए,
निरंतर श्वसन के लिए दो जुड़वां पोर्टल्स,
और उसके बाद अपने पीछे के पंख संभालते हुए।

प्रत्येक सवेरे बिल्ली को धकियाए बिना
यदि वह सारा खाना खा गया तो-
आत्म संतोष का वह कितना अच्छा आदर्श होगी।
और लौकिक अनासक्ति का ऊँचा उदाहरण भी,
यदि अपने कान के पीछे लगी
थोड़ी-सी रगड़ के प्रति वह बहुत ज्यादा उत्सुक नहीं होती।

छूते नहीं

बिली कॉलिन्स

Billy Collins

(जन्म: 1941)

वासना का वैलेंटाइन चिपका हुआ है
मेरे दिल पर,
फिर भी चीज़ों की तरह हम
छू नहीं रहे हैं एक दूसरे को।

जीते हुए साधारण जीवन और ऐसा स्थिर जीवन-
जिसमें दिख रहा है चाकू तैरता हुआ प्लेट पर,
जैसे-जैसे प्लेट मंडरा रही है टेबल पर,
सेब, नाशपाती और वाइन-ग्लास की सारी व्यवस्था,
भूलकर गुरुत्वाकर्षण का नियम,
तैयार नहीं है स्थिर रहने के लिए।

खिड़की से आते सूरज के प्रकाश में,
थोड़ी देर पहले-
निकलते हुए कमरे से बाहर,
धीमी उड़ान के एक बिरले क्षण में-
चित्रकार ने पकड़ लिया था उन्हें अपने चित्र में।

यहाँ जीवन या मृत्यु नहीं

मीना लॉय

Mina Loy

(1882-1966)

क्रियाशीलता है यहां केवल-
जीवन या मृत्यु नहीं,
अपघटन नहीं होता परिपूर्ण में।
प्रेम या वासना नहीं-
होता है बस झुकाव यहां,
किसका होगा अधिकार?
निरर्थक है यह प्रश्न,
पहला या अंतिम कोई नहीं होता
होती है केवल समानता।
होगा जो भी शासक
जुड़ जाएगा वह बहुमत से,
समय या स्थान नहीं
होती है केवल तीव्रता,
और हां, पालतू चीजों में
होती है विशालता।

रात एक बजे

मीना लॉय
Mina Loy
(1882-1966)

यद्यपि मुझ पर जताया नहीं तुमने-
कभी भी अधिकार,
फिर भी मैं हूँ तुम्हारी काल के आरम्भ से।
ऊंघते हुए बैठ गयी मैं-
तुम्हारे पास तुम्हारी कुर्सी पर,
और झुक गयी तुम्हारे कंधे पर।
खेलने लगी तुम्हारी बेपरवाह बांह
लिपट कर मेरी कमर से,
घुलती जा रही थी तुम्हारी सुमधुर आवाज-
मेरे शरीर और मस्तिस्क में,
मुझे पिघलाने का तुम्हारा तर्क-
समझने नहीं दिया नींद ने।
तुमसे कमतर पौरुष वाली-
तुम्हारे बेहस-बाज भाई की आवाज,
हजारों वर्षों के अंतराल और हजारों मीलों की दूरी से-
गूंजने लगी धीमी-धीमी मेरे कानों में।
जब साफ़ करते अपना गला खंखारते हो तुम
तब दूसरे आदमियों से ज्यादा मचाते हो शोर,

बहरे करने वाली कान तुम्हारी आवाज-
जगा देती है मुझे,
तब पकड़ लेती हूँ सूत्र-
तुम्हारे पिघलाने के तर्क का,
आ जाती हूँ मैं एकदम अपनी वैयक्तिक मनोदशा में,

फिर मैं नहीं रह पाती हूँ केवल एक औरत।
मात्र स्त्री बने रहने का मादक आधा घंटा
बना देता है मुझे ऐसी पशु-महिला-
जो जानती नहीं है कुछ भी पुरुष के बारे में।
मानसिक व्यापार से विमुक्त,
मिलन की कुनकुनी ऊष्मा से मिले-
अधिकार और सुरक्षा से गर्वित,
अपने खेल में खोये हुए बच्चे की तरह,
अपने आप में निमग्न
या अनजाने देवताओं की गर्जन की
अनुभूति में विलीन,
लेकिन तुमने मुझे जगा दिया-
पर मैं कौन होती हूँ आलोचना करने वाली
तुम्हारे लचीले वेग की?
"थक गयी हो तुम और सोना चाहती हो शायद
चलो, अब चलना चाहिए हमें अपने घर-द्वार"।

2. शब्द का रेडियम

क्यूरी
प्रयोगशाला की क्यूरी
शब्दकोष की क्यूरी
कुचलकर उसने कई टन की चेतना
द्रव को बदल दिया
ठोस मुहावरों में,
फिर शब्द का उसमें से
निकाल लिया रेडियम।

आँखें

एज़रा पाउंड
Ezra Pound
(1885-1972)

आराम करो मालिक
हम बहुत थकी हुई हैं,
हवा की उंगलियां-
हमारी पलकों पर चुभ रही हैं,
वे आंसुओं से गीली और भारी होकर
लेटी हुई हैं हमारे ऊपर।

सुस्ताओ भाई,
देखो, बाहर सवेरा हो गया है!
पीली ज्योति फीकी पड़ रही है,
सूरज धीरे-धीरे ऊपर चढ़ रहा है।

हमे मुक्त करो,
बाहर कितने सुन्दर रंग बिखरे हैं,
लकड़ी पर जमी हरी काई और-
पौधों पर खिले रंग-बिरंगे फूल
पेड़ों के नीचे फैली शीतलता,
यह दृश्य कितना सुखद और आकर्षक है?

हमें छुट्टी दे दो,
नहीं तो हम कागज पर अंकित
काली और कुरूप छपाई की-
उबाऊ एकरसता से मर जाएंगी।

हमें आजाद कर दो,
क्योंकि, यहां 'वह' है जिसकी मुस्कान
तुम्हारी पुरानी पुस्तकों के ज्ञान से
अधिक आकर्षक और सुन्दर है,
हम उसी को टकटकी लगाकर देखेंगी।

2. समझौता

वॉल्ट व्हिटमॅन

मैं तुमसे समझौता करता हूँ,
लम्बे समय तक मैंने तुम्हे नापसंद किया है।
मैं एक ऐसे बड़े बच्चे की तरह-
तुम्हारे पास आया था,
जिसका पिता छोटे दिमाग वाला था।
अब मैं इतना बड़ा हो चूका हूँ कि मित्र बना सकूँ
वह तुम्ही थे जिसने नई लकड़ी तोड़ी थी
मेरे लिए उसे तराशने का समय आ गया है।
हमारी आंतरिक रसधारा और स्त्रोत समान हैं
इसीलिए हमारे बीच संवाद होने दो।

हँसमुख औरत

एंजेलिना ग्रिमके
Angelina Grimke
(1880-1958)

औरत हूँ मैं काली-काली त्वचा वाली
औरत हूँ हँसमुख, काले-काले चेहरे वाली,
रहती हूँ मैं तलघर और भीड़ भरी जगहों में
करती हूँ मैं काम सर्दी और गर्मी में-
केवल पेट भरने के लिए।
हँसती हूँ मैं बहुत और भूल गई हूँ रोना,
औरत हूँ मैं हँसमुख पर डरती हूँ सोने से।

2. काली उंगली

देखी है मैंने एक सुन्दर वस्तु
पतली और स्थिर,
उठी हुई सुनहरे आकाश के विरुद्ध
बिलकुल सीधे खड़े साइप्रस पेड़ के समान
संवेदनशील और आकर्षक,
एक काली उंगली-
उठी हुई है आकाश की ओर।
काली क्यों हो तुम, सुन्दर और स्थिर उंगली?
इशारा क्यों कर रही हो आकाश की ओर?

मस्तिष्क और ईश्वर

एमिली डिकिन्सन
Emily Dickinson
(1830-1886)

विस्तृत है अधिक आकाश से भी मस्तिष्क
रखकर देखने पर दोनों को साथ-साथ,
समा जाते हैं वे एक-दूसरे में सरलता से
और खड़े रह सकोगे तुम भी आराम से उनके साथ।
सागर से भी अधिक गहरा है मस्तिष्क
रखने पर नीले को नीले के पास,
सोख लेते हैं वे एक-दूसरे को
बाल्टी में रखे पानी और स्पंज की तरह।
बराबर हैं वजन में ईश्वर और मस्तिष्क
पाउंड से पाउंड को तौलने की तरह,
निकला भी कोई अंतर यदि उनमें तो-
वह ध्वनि और वर्ण के अंतर से बड़ा नहीं होगा।

2. शब्द

कहते हैं कुछ लोग कि बोला गया जब शब्द
तभी वह मर गया, पर कहता हूँ मैं कि
उसी क्षण-जीवन उसका शुरू हो गया।

3. प्रसिद्धि

प्रसिद्धि है मधुमक्खी, उसके पास है गीत
उसके पास है डंक और उसके पास है पंख भी।

हुआन का गीत

लुइस बोगन
Louise Bogan
(1897-1970)

टूटकर बिखर जाता है जब सौन्दर्य
उस पर मुझे दुःख नहीं आश्चर्य होता है।
कच्चे छिलके जैसे टूट जाता है जब प्यार,
मैं उसका टुकड़ा प्रतीक के रूप में
संभालकर नहीं रखता।
ऐसे किसी आदमी से मेरी मित्रता नहीं हुई
जो यह जानता था कि
प्यार का अंत होना ही चाहिए,
ऐसी किसी लड़की से भी मेरा प्रेम नहीं हुआ
जिसने यह जान लिया था कि
प्रेम कब खत्म हो जाता है,
विवेकवान व्यक्ति जिस पर संदेह करता है,
मुर्ख उसी पर भरोसा करता है।
तब वह कौन है जिसे प्यार धोखा देता है?

मनुष्य का विवेक से परे प्यार

लुइस बोगन
Louise Bogan
(1897-1970)

मनुष्य विवेक से पूरी तरह परे होकर-
प्यार करता है,
ऐसा करना, बिना डंडे के झंडा फहराना है
सूखे पेड़ो के झुंड में लगी आग की तरह-
औरतों की आंख में चढ़ना है।
क्या प्रेमी को प्यार लौटना नहीं चाहिए?
दिल बहुत नाजुक और स्पन्दनशील है।
विवेकवान होना उतना विस्मयकारी नहीं होता,
जितना कि विवेक को प्यार करने में बाधक मानना।
किसी भूत और मूक की तरह गुपचुप बैठे रहना-
उतना ही मारक और भयानक है जितना कि
कहीं अँधेरे में बंद झिंगुर के कर्कश संगीत को
ग्रेनाइट की पहाड़ी में गूंजते हुए सुनते रहना।

शाब्दिक अनुवाद

आंद्रेई कोद्रेस्कू
Andrei Codrescu

शाब्दिक अनुवाद से
नष्ट होता है संगीत
और काव्यात्मक अनुवाद से
नहीं बचती मौलिकता,
शाब्दिक अनुवाद है 'दिन'
और काव्यात्मक अनुवाद है 'रात'।

एक दशक

एमी लोवेल
Amy Lowell
(1874-1925)

जब तुम आए थे
तब लाल मदिरा और शहद थे,
उस समय तुम्हारे स्वाद ने
अपनी मिठास से-
मेरा मुंह जला दिया था।
अब तुम सुबह की ब्रेड जैसे
मृदु और मधुर हो,
मुझे अब तुम्हें चखने की-
आवश्यकता नहीं है।
मैं तुम्हारा विशिष्ट स्वाद और गंध जानती हूँ,
अब मैं पूरी तरह तुष्ट और पोषित हूँ।

सवेरा

पॉल लॉरेंस डनबर
Paul Lorence Dunbar
(1872-1906)

धवल वेशधारी देवदूत झुका
उसके शयन-रत रात को चूम लिया
लजाती हुई रात जागी,
परी उड़ चुकी थी।
मनुष्यों ने देखी लज्जा की लालिमा
और उसे नाम दे दिया: सवेरा।

जिज्ञासु नहीं बनें ईश्वर के प्रति

वॉल्ट व्हिटमैन
Walt Whitman
(1819-1892)

आत्मा बड़ी नहीं हो सकती शरीर से,
शरीर बड़ा नहीं हो सकता आत्मा से,
और, कुछ भी, परमात्मा भी स्वयं के आत्म से-
बड़ा नहीं हो सकता।
जो चलता है एक फर्लांग भी
बिना सहानुभूति के,
वह चलता है स्वयं की शवयात्रा में-
बिना कफन के।
जेब में बिना रखे एक पैसा
मैं या तुम खरीद सके होते-
धरती की फसल तो क्या होता?
एक आंख से देखना
या दोनों को उनके कोटर में दिखाना
भ्रमित करता है सीखने की प्रक्रिया को।
नहीं है यहां कोई धंधा या रोजगार
लेकिन अनुसरणकर्ता युवक भी
बन जाता है नायक।
यहां कोई भी वस्तु नहीं है-
इतनी कोमल की जिसमें
पहियों पर चल रहे ब्रह्मांड का केन्द्र-
बन जाने की शक्ति न हो।

कोई भी स्त्री या पुरुष-
लाखों ब्रह्मांडो के सामने
दिखाई देंगे शांत और बनावटी।
आह्वान है मेरा मानव समुदाय से
कि वह न बने जिज्ञासु परमात्मा के बारे में,
हूँ मैं जिज्ञासु प्रत्येक प्राणी के लिए
पर ईश्वर और मृत्यु के बारे में बिल्कुल नहीं।
मैं सुनता और देखता हूँ परमात्मा को प्रत्येक वस्तु में
फिर भी, समझ नहीं पाया हूँ थोड़ा-सा भी ईश्वर को,
समझ यह भी नहीं पाया हूँ कि यहां
मुझसे ज्यादा आश्चर्यजनक और क्या है?
पसंद मैं क्यों करूं इस दिन से भी अधिक देखना ईश्वर को?
देखता हूँ मैं अंश ईश्वर का हर क्षण और हर घंटे
मेरे सहित, चेहरें में नारी और पुरुषों के,
मिलते हैं मुझे सड़क पर ईश्वर व्दारा भेजे गए पत्र
होते हैं उन पर ईश्वर के हस्ताक्षर भी,
छोड़ देता हूँ उन्हें वहीं क्योंकि जानता हूँ मैं कि-
सदैव आते रहेंगे लोग नियम से वहीं।

वाह क्या रसायन है!

वॉल्ट व्हिटमैन
Walt Whitman
(1819-1892)

वास्तव में विषैली नहीं है हवाएं
यह कोई छल-कपट नहीं है,
समुद्र में पारदर्शी हरा स्नान
मेरे लिए बड़ा उत्तेजक है।
उसे अपनी जीभों से मेरे नग्न शरीर को
चाटने देना सुरक्षित है,
अपनी विकलता से वह-
मुझे कोई क्षति नहीं पहुँचाएगा,
उसका सब कुछ सदा-सदा के लिए स्वच्छ है।
कुएं का ठंडा पानी ठंडा पानी कितना स्वादिष्ट है?
ब्लैक बेरी कितने रसीले और तुष्टिदायक हैं
सेब और संतरो के बगीचों के फल;
तरबूज, अंगूर, अंजीर और आड़ू
इसमें से कोई भी मुझे नहीं करेंगे विषाक्त।
घास पर जब मैं लेटता हूँ तब मुझे-
कोई भी रोग नहीं लगता,
यद्यपि घास की प्रत्येक नोक
उसी जगह से फूटी है
जो पहले कभी संक्रामक रोग का उद्गम थी।

भूमि की सहनशीलता और धैर्य को लेकर-
मैं भयभीत हूँ,
अन्यों के व्दारा इतना विकृत होने के बाद भी
वह कितनी मधुर वस्तुओं की दाता है,
मृतकों की श्रृंखला को सतत् ढोते हुए
कितने सदय और निर्मल भाव से-
घूमती है वह अपने अक्ष पर।
करके आसवित दूषित हवाओं को
बनाती हैं उन्हें कितना स्वच्छ और जीवनदायी,
अपनी वत्सल दृष्टि से करती है नवीनीकरण-
विविध श्यामल-गोर फसलों का,
देती है मनुष्यों को जितनी विराट संपदा,
उनके व्दारा छोड़ी गई उतनी ही वस्तुएं,
ग्रहण भी कर लेती है अंत में खुशी-खुशी।

❧

2. समझौता

शब्द, आकाश के समान सुन्दर हैं,
वह युद्ध और उसके सारे हत्याकांड सुन्दर हैं,
जो समय पर खत्म होते हैं।
मृत्यु और रात्रि दोनों बहनों के हाथ,
यह गंदा संसार-
हल्के-हल्के, बार-बार धोता है।
मेरा शत्रु मर चुका है,
मेरे समान ही एक दिव्य व्यक्ति मर चुका है।
मैं खोजता हूँ वह कहां है?
क्या सफेद चेहरा चेहरा लिए वह अभी भी-
शव-पेटी में लेटा हुआ है?
मैं उसके पास जाता हूँ,
और उसके सफेद चेहरे को होठों से छूता हूँ।

ओ मेरी प्यारी आत्मा

वॉल्ट व्हिटमैन
Walt Whitman
(1819-1892)

ओ मेरी प्यारी आत्मा,

अब मेरे साथ तुम अज्ञात प्रदेश में चलो,

जहां न तो जमीन है पैर रखने के लिए

और न कोई रास्ता है अनुसरण करने के लिए।

न वहां नक्शा है, ना मार्गदर्शक

न बुलाने वाली आवाज है, न छूने वाले मानव-हाथ,

न खिलखिलाता चेहरा, न ओंठ

और न ही आँखे हैं उस अंचल में।

ओ आत्मा न तो तुम जानती हो और न मैं

सब कुछ रिक्त है हमारे सामने,

उस क्षेत्र में बिना कोई सपना देखे

सब कर रहे हैं प्रतीक्षा,

पहुँच से परे उस सुदूर आंगन में।

उस शाश्वत बंधन को छोड़कर

जब तक समय, स्थान, अंधकार, गुरूत्व, इंद्रिय बोध

या अन्य ऐसे बंधन टूटते नहीं,

तब तक हम आगे बढ़ते रहेंगे

ओ आत्मा समय और स्थान में हम तैरते रहेंगे।

(ओ आनंद! ओ सभी प्रयासों के फल!)
इन बंधनों का बराबरी से मुकाबला करने की तैयारी के बिना
ओ आत्मा, हम उस अनंत का साक्षात्कार-नहीं कर पाएंगे।

क्षितिज की ओर दौड़ता आदमी

स्टीफन क्रेन
Stephen Crane
(1871-1900)

मैंने एक आदमी को
क्षितिज का पीछा करते हुए देखा,
वह चक्कर पर चक्कर लगा रहा था।
यह देख कर मैं परेशान हो गया,
ललकारते हुए उससे मैंने कहा:
"व्यर्थ है तुम्हारी दौड़",
उसने चिल्लाकर जवाब दिया:
"तुम झूठ बोलते हो,"
इतना कहकर, वह दौड़ता रहा।

2. मरुस्थल में

मैंने एक नग्न और पशु जैसा प्राणी देखा
वह हाथ में अपना दिल लिए हुए-
जमीन पर बैठा था;
उसने अपना दिल खा लिया।
मैंने पूछा: "दोस्त, क्या यह अच्छा है?"
उसने उत्तर दिया: "यह कडुआ-कडुआ है,"
"किंतु इसे खाना मुझे पसंद है
क्योंकि, यह कडुआ जरूर है
पर मेरा अपना दिल है।"

एक बार एक आदमी आया

स्टीफन क्रेन

Stephen Crane

(1871-1900)

एक बार एक आदमी आया,
उसने कहा:
संसार के सभी आदमियों को मेरे साथ-
श्रेणीबद्ध करके पंक्तियों में खड़े कर दो।
पंक्तियों में खड़े होने का विरोध करते हुए
लोगों ने मचा दिया हल्ला।
सारी दुनिया में जोर-शोर से होने लगा झगड़ा।
ऐसा युगों तक चलता रहा;
पंक्तियों में खड़े होने से इनकार करने वालों,
और पंक्तियों में खड़े होने का आग्रह करने वालों में
जमकर होता रहा रक्तपात।
अंत में, वह आदमी रोता-चिल्लाता मर गया।
जो लोग लड़ते-झगड़ते बहाते रहे खून-
वे उस आदमी की महान सरलता को
समझ ही नहीं पाए।

ब्रह्मा

राल्फ वाल्डो एमरसन
Ralph Waldo Emerson
(1803-1882)

यदि लाल हत्यारा सोचता है कि-
वह हत्यारा है,
या यदि मृत सोचता है कि वह मृत है,
तो वे उन तरीकों को नहीं जानते
जिनके व्दारा मैं उनका संरक्षण करता हूँ,
उन्हें भेजता हूँ और वापस बुलाता हूँ।

जो मुझसे दूर हैं, या भूल गए हैं मुझे,
वे मेरे पास हैं।
छाया और प्रकाश दोनों एक ही हैं,
अदृश्य देवता मुझे दिखाई देते हैं,
मेरे लिए लज्जा और ख्याति समान हैं।

जो मुझे बाहर छोड़ देते हैं,
वे बीमार हो जाते हैं,
जब मुझ से वे दूर उड़ जाना चाहते हैं,
उनके पंख मैं ही होता हूँ,
मैं ही संदेहकर्ता और संदेह हूँ
मैं ही वह प्रार्थना हूँ जिसे ब्राह्मण गाते हैं।

शक्तिशाली देवता मेरे पास आने के लिए तड़पते हैं,
वे 'पवित्र सात' भी व्यर्थ दुःखी होते हैं

किन्तु तुम विनम्र और अच्छाई से प्यार करने वाले-
स्वर्ग की ओर पीठ करके मुझे प्राप्त करते हो।

दिन

राल्फ वाल्डो एमरसन
Ralph Waldo Emerson
(1803-1882)

समय की बेटियां हैं, पाखंडी दिन,
दरवेशों की तरह नंगे पांव, शांत और मौन
अंतहीन पंक्ति में अकेले यात्री की तरह,
हाथों में मुकुट और डंडो की गठरी के लिए
भेंट देता हर एक को उसकी इच्छा के अनुसार:
सिक्के, राज, नक्षत्र और आकाश-
जो इन सब को भी संभालता है।

मैं अपने छायादार बगीचे में देखता हूँ साज-सज्जा,
मेरी सुबह की इच्छाएं अब सब भूल जाओ,
कुछ सब्जियां और सेव ले लो।
दिन ढला और चुपचाप विदा हो गया।
मुझे भी हो रही थी देर,
आखिर, उसके गंभीर रिबन के नीचे
मुझे दिखाई दे ही गई उसकी घृणा।

रोडोरा पुष्प

राल्फ वाल्डो एमरसन
Ralph Waldo Emerson
(1803-1882)

रोडोरा कब खिलता है?
"मई में, जब समुद्री हवाएं चीरती हैं-
हमारा अकेलापन।"
जंगल में मैंने देखा था ताजा रोडोरा,
एक ठंडे कोने में, बिना पत्तियों के-
बिखेर रहा था अपनी खिलखिलाहट,
प्रसन्न करने के लिए-
मरुस्थल और धीमे बहते नाले को।
जलाशय में गिर रही थी उसकी जामुनी पंखुड़ियां,
उसके सौन्दर्य से उजल रहा था काला पानी,
आता था यहां लाल पक्षी
शीतल करने के लिए अपने पंख-
और रिझाने के लिए रोडोरो को,
ताकि उसके पंखों का प्रदर्शन नहीं पड़े फीका।
रोडोरा! पूछें यदि विद्वान तुमसे कि तुम्हारा सौन्दर्य-
धरती और आकाश पर बर्बाद क्यों हो रहा है?
तो प्यारे रोडोरो उन्हें बता देना कि-
यदि आंखें बनाई गई हैं देखने के लिए तो,
सुन्दरता का प्रदर्शन उसके अस्तित्व का बहाना है:
ओ गुलाब के प्रतिद्वंद्वी तुम वहां क्या कर रहे थे?
मैंने कभी पूछा नहीं, मुझे पता भी नहीं था,

लेकिन, मेरी सरल अनभिज्ञता को यह ज्ञात था-
कि जो शक्ति मुझे वहां लाई थी, वही तुम्हें भी।

जरा सोचो

रॉबर्ट सर्विस
Robert Service
(1874-1958)

जरा सोचो!
किसी रात सितारे चमकाएंगे
ठंडे और मटमैले पत्थर को,
करेंगे अपनी रजत किरणों से-
उत्कीर्ण उस पर एक नाम,
सुनो, यह नाम तुम्हारा ही होगा।
रात दौड़ी आ रही है-
करने के लिए स्वागत
तुम्हारी अंतिम स्मृति का।
समय के हृदय में
एक नन्ही-सी धड़कन है
तुम्हारा जीवन!
थोड़ा सुख, थोड़ी व्यथा
थोड़ी खुशी ताकि तुम निराश ना हो जाओ,
थोड़ा आरोप, थोड़ी प्रसिद्धि-
यही तो है पत्थर पर सितारों की झिलमिल।

अवकाश

डब्लयू. एच. डेवीज़
W.H. Davies
(1871-1940)

यदि जीवन चिन्ता से भरा है
तो हमारे किस काम का?
खड़े होकर देखने तक के लिए
नहीं है समय हमारे पास।
नहीं है समय शाखाओं के नीचे खड़े रहकर,
गायों और भेड़ों को निहारने का।
जंगल से गुजरते हुए समय नहीं है यह देखने का-
कि गिलहरियां घास में कैसे छुपाती हैं अखरोट?
रात में तारा-मंडित आकाश की तरह
जल-प्रवाह में जगमगाते तारामंडल को,
दिन के प्रकाश में देखने का-
कहां है समय हमारे पास?
न तो समय है आंख मिलाने का सौन्दर्य से
और ना देखने का उसके नृत्य करते पांव!
उसकी आंखों में अपनी मुस्कान को,
चेहरे व्दारा समृद्ध होने तक-
प्रतीक्षा करने का समय भी
कहां है हमारे पास?
यदि चिंता से ही ग्रसित है जीवन तो
यह कितना दयनीय है?
खड़े होकर ताकने और झांकने तक का
नहीं है अवकाश हमारे पास।

मेरा साम्राज्यवाद

ऱ्युइची तामुरा
Ryuichi Tamura
(1923-1998)

'पेंटकोस्ट' पर्व के बाद आने वाले सोमवार को
मै डूब जाता हूँ बिस्तर में,
लेटकर बिस्तर पर
देता हूँ आशीर्वाद अपने आप को
क्योंकि मैं नहीं हूँ क्रिश्चियन
मेरे कान करते रहते हैं
विचरण आकाश में
मेरी आँखें करती रहती है
तलाश भूमिगत जल की,
मेरे हाथ पकड़े रहते हैं
एक छोटी पुस्तक
वर्णित है जिसमें
आधुनिक श्वेत समाज की विचित्रताएं
अश्वेत दुनिया की निगाह से जब मैं उसे मानता हूँ नीचा,
तब होती है एक पतली सिगरेट मेरे हाथ में,
मुझे लगता है कि यह एक भ्रम है,
यद्यपि मैं थक जाता हूँ
अविभेदी आनन्दानुभूति से।
उत्तरी गोलार्ध की खिड़की से-
आता रहता है प्रकाश धीरे-धीरे
सुबह से शाम तक,
मैं लालबत्ती सुलगाऊं उससे पहले ही-
हो जाता है अंधेरा।

क्या यह वही सवेरा है-
जब आया था मेरा अक्युपंक्चरिस्ट?
कहता है माक्र्सवादी अर्थशास्त्री का स्नातक छात्र कि
आ गया है वह विषय बदलकर चिकित्सा विज्ञान में,
ताकि कर सके मनुष्यता की सेवा।
जानवरों का जानवर घसीटकर स्वयं को
ले जाता है मृत्यु शैय्या तक।
जल चुका है मेरा कलेजा
पीने से चालीस वर्षों तक स्कॉच व्हिस्की,
मैंने कर दिया है अपने आपको
माक्र्सवादी अर्थशास्त्री के हवाले
जानना चाहता हूँ उससे मैं साम्राज्यवाद के लक्षण।
बताता है एक अध्ययन की 19वीं सदी के अंत में-
देखा था हॉब्सन ने जो कुछ दक्षिण अफ्रीका में
वह आज भी मुझे चौंका देता है नींद में,
आप करना चाहो प्रशंसा साम्राज्यवाद की तो करो,
मगर यहां अब राजा और मूल निवासी
बचे नहीं ज्यादा,
अति उत्पादित अश्वेत दासों को तो
बनना ही था श्वेत एक दिन।
बढ़ते हैं केवल नाखून
मुर्दे के भी बढ़ते हैं नाखून
इसलिए रहने के लिए जीवित-
बनाए रखना चाहिए हमें अपने नाखून धारदार,
"केवल नाखून बढ़ते हैं" कब्र पर लिखा हुआ यह वाक्य
कोई बुरा विशेषण नहीं है।
जब 'क' की मृत्यु हुई थी तब उसकी पत्नी ने

उसे दफनाया था फ्यूजी के कब्रिस्तान में
और लिखवाया था कब्र के पत्थर पर: "टु वन वुमन"
वास्तव में यह शीर्षक था मृतक की एक पुस्तक का,
उसकी पत्नी ने अपने पति को केवल उसके प्रति ईमानदार
बताकर लगभग रुला दिया दिया है मुझे।
इतना ही नहीं:
'एन' ने आधुनिकतावादी पत्रिका 'लूना' की शुरुआत-
कर दी थी उस समय जबकि चीन पर चढ़ाई करने की-
तैयारी पूर्ण कर ली थी जापान ने,
पेन्शन पाने के बाद हो गया था वह बेहद भावुक।
'एफ' था विषादग्रस्त,
'एस' हो गया था उन्मादी,
वह बनाए जा रहा था मकान पर मकान।
'ए' ग्रसित था उदर के साम्राज्यवाद से:
उसके पेट ने बना रखा था बंदी उसके पैरों को।
'म' है बहरा, वह कर सकता है सहन ऊँची से ऊँची आवाज,
कुछ लोगों की बढ़ती है केवल छाया,
दूसरे जैसे हैं उससे भी होते जाते हैं छोटे।
यह सिद्ध कर दिया है गलत, हमारे पुराने घोषणा पत्र ने कि:
यदि हम सचमुच चाहते हैं लिखना कविता तो-
हमें देखना चाहिए केवल आकाश की ओर।
'द फेन्टम लेडी' के लेखक विलियम आइरिश का
हो गया जब निधन
तब हमें रेंगना चाहिए था जमीन पर
क्योंकि शोकाकुल थे उसके लिए केवल स्टॉक के दलाल
और, नहीं थी अर्थी के साथ में मोजार्ट की पत्नी।
उस समय कुनकुना जाते हैं मेरे पैर जब पढ़ता हूँ मैं कि

'इम्पीरियलिज़्म' मॉन्स्टर ऑव् द ट्वंटीएथ सेन्चुरी'
नामक पुस्तक कौतोकु शुसी ने लिख दी थी 1901 में ही,
'एन' था जब युवा लिख दी थी उसने-
'आई सै स्ट्रेन्ज थिंग्स' नाम से पुस्तक।
क्या वह मॉनस्टर था जिसने निकलवा दिए थे-
आँसू उसकी बूढ़ी आँखों से?
कविताएं हैं ऐसी वस्तुएं
जिनका होता नहीं है विनिमय मूल्य,
लेकिन हम हो जाते हैं बाध्य नई जमीन तोड़ने के लिए-
अत्यधिक काव्यात्मक उत्पादन के संकट से घिरकर।
हमें मूलवासियों को बनाना चाहिए गुलाम अपनी कविता से
उन सभी साठ से कम के गंवार और जाहिलों को।
कपड़ों और खाद्य पदार्थों की भरमार से होकर ग्रस्त
जब हो जाते हैं जाते हो तुम साठ से ऊपर-
तब ना तो रहते हो वस्तु और न मनुष्य।

मनुष्य और घास की लड़ाई

लुई अन्टरमेयर

Louis Untermeyer

(1885-1972)

मनुष्य और उगते घास के बीच

चुपचाप चलती रहने वाली-

रक्तहीन और लंबी लड़ाई के अलावा

कहां दिखाई देती है ऐसी क्रूर शत्रुता?

मनुष्य आक्रामक है,

उसके पास ऐसे शस्त्र हैं जिनसे जिनसे उसके निजी-

पवित्र लॉन में सिर उठाने वाली नुकीली घास का

वह करता है दमन और उन्मूलन,

उसे कुचल देता है काट-काट कर मशीन से।

करता जाता है ऊपर बुआई और नीचे खुदाई

पहुँचने नहीं देता जड़ों को जमीन तक,

जीतता रहा है वह अभी तक

हार चुकी है घास मेहनत और खेलकूद से

काटने के लिए अब बची ही नहीं घास

अब थक और थम चुकी हैं मनुष्य की हर सनक,

अब विश्राम देना चाहता है वह,

अपने हर एक विजेता अंग को

लेकिन तभी ढंक देती है उसे हरी-हरी घास।

उपहार का विलोम

आडिन नावलैन
Aden Nowlan
(1939-1983)

जब तक तुम यह कविता पढ़ोगे
तब तक मैं इसे लिखता रहूँगा।
यहीं तुम्हारी आंखों के सामने-
मैं इसे लिख रहा हूँ,
फिर भी तुम मुझे देख नहीं सकते।
शायद इसे तुम एक शाब्दिक चतुराई-
मानकर निरस्त कर दोगे,
मजाक यह है की तुम गलत हो,
वास्तविक चलाकी तुम्हारी बहानेबाजी है
जो स्थिर और ठोस है,
हम दोनों से बाहर।
मैं तुम्हें बता रहा हूँ एक बेहतर बात कि:
मेरे मरने के बाद भी लिखता रहूँगा
तुम्हारे लिए कविता।

पसंद का उपकरण

रॉबर्ट फिलिप्स

Robert Phillips

(जन्म: 1938)

वह एक ऐसी लड़की थी
जिसे कभी भी किसी ने
टीम या क्लब
डांस या डेट के लिए-
नहीं चुना था।

इसलिए, उसने ऐसा उपकरण चुना
जिसे दूसरा कोई पसंद नहीं करता था:
उसका नाम 'ट्यूबा' था
वह उसके समान ही बड़ा
और उसके दिल के समान भारी था।

प्रेमी की बांहों की तरह
उसकी सुनहरी नलियां और चकरियां
लड़की को जकड़े हुए थीं;
बाजे का शरीर भी उसे दबा रहा था।

जब बाजे के मुंह में वह जीवन फूंकती थी,
तब उसके गले की गहराई से निकलती-
उंफ उंफ की ध्वनियां,
सहवास की मादक चीख जैसी सुनाई देती थी।

ऑर्फियस का उत्तराधिकार

शुन्तारो तानीकावा
Shuntaro Tanikawa
(जन्म: 1931)

दिन के उजाले में जाँची जाने पर,

मैं जानता हूँ, यह कविता-

कितनी बेकार साबित होगी,

फिर भी, मेरे शब्दों को अब मैं

नकार नहीं सकता।

दूसरे लोग मार्केट से अपनी टोकरी भर लेते हैं

पर, मैं निकम्मा टेबल पर रखे कप से पानी पीता हूँ।

मैं वृक्षों के बीच से देखता हूँ कि

दूरस्थ सरोवर के पास एक श्वेत प्रतिमा खड़ी है,

उसके जननांग साफ दिखाई दे रहे हैं,

वह मैं ही हूँ।

मैं अतीत में डूबा हुआ हूँ

और एक मूक शिलाखंड बन गया हूँ।

निर्जीव वस्तुओं में जीवन का संचार करने वाला-

कवि और संगीतकार ऑर्फियस, मैं नहीं हूँ:

तो मैं केवल उसका उत्तराधिकारी बनना चाहता हूँ।

नौसिखिये की सरलता

शुन्तारो तानीकावा
Shuntaro Tanikawa
(जन्म: 1931)

मेरे पंजे के पोर एक दूसरे से-
असामान्य रूप से दूर-दूर लगते हैं।
पाँच अजनबी लोगों की तरह
पाँचों पोर गर्मजोशी से साथ-साथ नहीं रह पाते।

बिस्तर की बगल में रखा टेलिफोन
मुझे सारी दुनिया से जोड़ता है,
लेकिन मेरे साथ बातचीत करने के लिए यहां कोई नहीं है।
चूंकि मैं स्वयं के लिए काफी सचेत हो गया हूँ,
मेरा जीवन एक व्यापार के अलावा कुछ नहीं है।

माता-पिता ने मुझे छोटी-मोटी बातचीत करने का-
सलीका नहीं सिखाया,
इसलिए, कविता लेखन पर मैं
एक मात्र मार्गदर्शन की तरह-
चालीस साल से विश्वास करता आया हूँ।
जब लोग पूछते हैं कि मैं कौन हूँ?
तब विचित्र, किंतु स्वयं को कवि कहना
मुझे बहुत अच्छा लगता है।
क्या मैं तब कवि था जब मैंने
उस औरत को छोड़ दिया था।

अपना प्रिय सिंका हुआ आलू खाते हुए,
क्या मैं कवि बना रहता हूँ?
क्या गंजा होने के बाद भी मैं कवि दिखाई देता हूँ?
इस तरह के अनेक अधेड़ लोग हैं जो कवि नहीं होते।
मैं आखिर एक अबोध बालक हूँ-
जिसने अभी-अभी सुंदर शब्दों की तितली का
पीछा करना शुरू किया है।
इस बच्चे की आत्मा एक सौ तक पहुँच गई है,
यह मासूम है,
यह बेखबर है कि इसने लोगों को चोट पहुँचाई है।
कविताएं हास्यास्पद हैं।

2. पिता की मृत्यु पर

नींद में आई उनकी मौत ने,
अपने नम्र और चंचल हाथों से
उनके जीवन की सारी तफ़सील-
बुहार ली थी।
लेकिन हमारी फिजूल की बातों के लिए-
विषयों का अंत नहीं हुआ।
पूजा के फूल कुम्हलाने से पहले ही-
रात के संक्षिप्त क्षण हमने बातों में बिता दिए।

आदर्श कविता

शुन्तारो तानीकावा
Shuntaro Tanikawa
(जन्म: 1931)

कवि कहे जाने के बाद भी
मैं रहता हूँ कविता से दूर ही,
ऐसा होता है तभी जबकि-
मैं करता हूँ भोजन, पढ़ता हूँ,
या निवरा बैठकर लगाता हूँ गप्पे।
नहीं, तब भी जब कि मैं सोचता रहता हूँ,
कविता ही के बारे में।

रात में कड़कती बिजली की तरह
चौंकाती है मुझे कविता,
उस क्षण चेतना की दरार से-
बाहरी दुनिया को मैं देखता, सुनता और सूँघता हूँ।
चेतना के विपरीत अधिक उज्ज्वलता से-
चमकती है कविता और
स्वप्न के उलट रखती नहीं दरकार व्याख्या की।
यद्यपि लिखी जाती है शब्दों में,
कविता समाई नहीं रहती केवल शब्दों में।
कभी मैं सोचता हूँ कि शर्मनाक है
इसे शब्दों में बदलना,
तभी इसे मैं चुपचाप चली जाने देता हूँ,
मगर तब महसूस होता है कि-
मैंने कुछ खो दिया है।

कविता की बिजली से दमकती दुनिया में
बनी हुई है हर वस्तु की अपनी-अपनी जगह,
(शायद एक सेकंड के हजारवें हिस्से के लिए)
हो जाता हूँ मैं पूरी तरह निश्चिन्त,
मानों मैं बन गया हूँ एक शांत वन-कुसुम।
लेकिन, लिखा है यह जिस क्षण मैंने
बेशक, मैं चला गया हूँ कविता से बहुत दूर,
फिर भी कहलाता हूँ कवि।

2. असंज्ञ मृत्यु

उसे जाना नहीं जा सकता
इसलिए उसका लेखा-जोखा नहीं मिलता।
इसीलिए वह कविता से मिलती-जुलती है,
मृत्यु और कविता दोनों ही प्रस्तुत करती हैं-
सारांश जीवन का
मगर जीवित लोग जीवन के सारांश को
जानने के बजाय
उसके रहस्यमय विवरण का-
मजा लेने में ज्यादा रूचि रखते हैं।

रुग्ण गुलाब

विलियम ब्लैक
William Blake
(1757-1827)

ओ गुलाब,
तुम रुग्ण हो!
अदृश्य कीट,
जो रात में-
उफनते तूफान के बीच उड़ता है,
उसने तुम्हारी अरुण-तरुण शैया को-
खोज लिया है:
उसका गुप्त कुटिल प्रेम
तुम्हारे जीवन को नष्ट कर रहा है।

2. रेत के कण में विश्व

रेत के कण में विश्व का अवलोकन,
वन-फूल में स्वर्ग का दर्शन,
हथेली में असीम को थामना
और महाकाल को प्रहर में बाँधना।
(यही तो होता है कवि का सृजन)

प्रेरित मनुष्य के शब्दों का पालन

विलियम ब्लैक

William Blake

(1757-1827)

पालन करो प्रेरित मनुष्य के शब्दों का,

किया जा सकता है जिसे नष्ट

उसे नष्ट कर दो,

बचाओ गुलामी से

येरुशलम के बच्चों को।

होती है एक नकारात्मकता और दूसरी विपरीतता

राजदंड है नकारात्मकता

तर्क शक्ति है वह मनुष्य की,

छद्म है यह शरीर

आवरण है मेरी आत्मा पर पड़ा हुआ

हटा दो या नष्ट कर दो स्वयंप्रभुता को।

आत्म परीक्षण द्वारा-

करने के लिए आत्मा का मुख्य उज्ज्वल

मनुष्यत्व से परे है जो

स्वच्छ करने के लिए उसे

नहाओ जीवन के जल में,

सर्व शक्तिमान में आस्था के लिए

त्याग दो कोरे बुद्धिवाद को

उतार दो जीर्ण वस्त्र दिव्य प्रेरणा द्वारा।

मुक्त करो बेकन, लॉक और न्यूटन को-
बरतानवी छाया से
उतार कर मैले वस्त्र
सजा दो उसे कल्पना के परिधान से,
निष्कासित कर दो कविता से वह सब-
जो नहीं है प्रेरणा,
ताकि संख्यात्मक उत्पादन करने वाले
तुच्छ और पालतू उत्पादक
उड़ा न सके मखौल प्रेरित काव्य का-
लगातार उस पर लगाकर लांछन पागलपन का।
घुसकर इल्ली की तरह शासन में
पहुँचाते हैं जो लोग हानि,
गुफा में छुपे चोर की तरह
छलपूर्ण मुस्कुराहट के साथ
जो मूढ़ प्रश्नकर्ता उठाते रहते हैं प्रश्न
उत्तर देने की नहीं है जिनमें शक्ति
वे करते हैं संदेह और देते हैं नाम उसे ज्ञान का,
ईर्ष्या जिनके ज्ञान का बहाना है
और निराशा है उनका विज्ञान
जो युगों के विवेक को अनदेखा कर
तुष्ट करता है असीम भूख ईर्ष्या की
मंडराती है भेड़िये की तरह ईर्ष्या उसके आस-पास
बैठने नहीं देती है सुख चैन से उन्हें,
हँसते हैं वे हिकारत की हँसी
दिखावे के लिए करते हैं बात सदगुण और उदारता की,
मगर मानते और कहते हैं कुछ और:
"अनुसरण करता है जो सदगुण और उदारता का

हत्या करता है वह समय की।"
विध्वंसक हैं ये येरुशलम के
और हत्यारे हैं ईसा के
नकारते हैं ये निष्ठा और आस्था को
उड़ाते हैं हँसी शाश्वत जीवन की।
ये छल करते हैं कविता के साथ,
अनुसरण करके स्मृति में संचित बिंबों का-
कुचलते हैं कल्पनाशीलता को।

ये यौनिक वस्त्र हैं उस भयानक नग्नता के
जो छुपाते हैं मानवीय रुपरेखा को
उन आर्क और कर्टैन्स की तरह-
जिन्हें किया था विदीर्ण स्वयं ईसा ने,
नयी में नहीं बदलेगी जब तक पुरानी पीढ़ी
शायद अवशेष मानवीयता के तब तक
कर दिए जाएंगे स्वाहा अग्नि की ज्वाला में।

वस्तुओं को पूर्ण रखना

मार्क स्ट्रैण्ड

Mark Strand

(1934-2014)

अनुपस्थित मैं ही हूँ-
कैनवास के फील्ड में।
यह हमेशा होता आया है,
जहां कहीं भी मैं हूँ।
वहां मैं होता ही नहीं।

चलता हूँ मैं जब
हटाता हूँ हवा को।
मगर पहुँच जाती है वह सदैव वहीं,
रिक्त स्थान भरने के लिए-
जहां पहले मेरा शरीर था।

हम सबके पास-
चलने के कारण हैं।
चलता हूँ मैं भी-
पूर्ण रखने के लिए वस्तुओं को।

ग्रीष्म का अंतिम गुलाब

टॉमस मूर
Thomas Moore
(1779-1852)

यह ग्रीष्म का अंतिम गुलाब है,
यह अकेला ही खिल रहा है।
उसके प्रिय साथी मुरझा कर झर गए हैं
कोई भी फूल लाल नहीं है,
कोई भी कली खिलने वाली नहीं है-
जो अपनी लज्जा-लालिमा परावर्तित कर सके,
या उदासी की गहरी सांस के बदले-
अपनी सांस छोड़ सके।
तने पर विरह-विलाप करने के लिए
मैं तुम्हें अकेला नहीं छोड़ूंगा,
सभी प्यारे फूल सो गए हैं,
तुम भी उनके साथ सो जाओ।
अब मैं तुम्हारी पत्तियां नम्रता के साथ,
उसी जगह पर बिखेर देता हूं-
जहां उद्यान के तुम्हारे अन्य साथी,
निर्गन्ध और निर्जीव पड़े हैं।
जैसे ही मित्रता का क्षरण होता है,
प्रेम की ज्योतिर्मय माला के मोती-
टूटकर गिरने लगते हैं,
सच्चे हृदय टूटने-बिलखने लगते हैं
उत्साही नए प्रेमी प्यार के लिए मचलने लगते हैं,

तब इस क्रूर और ठंडी दुनिया में-
कौन अकेला रहना चाहेगा?
अब मैं भी तुम्हारे पीछे-पीछे आता हूँ।

हाँ, मुझे याद है

वाल्टर सैवेज लैन्डर
Walter Savage Landor
(1775-1864)

हाँ, मुझे याद है,
तुम कैसे मुस्कुराए थे
मुझे लिखते हुए देखकर तुम्हारा नाम,
समुद्र की नरम रेत पर।
"ओह तुम बच्चे हो,
सोचते हो नाम पत्थर पर लिखा जा रहा था!"
तभी से मैंने ऐसा लिखना शुरु कर दिया है-
जिसे समुद्री ज्वार भी मिटा नहीं सकता।
इसे पढ़ सकेंगे अजन्मे मनुष्य-
विस्तृत सागर तट पर,
और ले सकेंगे 'लैन्थे'[1] का नाम।

---

1. लैन्थे, पत्नी का नाम

2. पिचहत्तरवां जन्म दिन

मैंने किसी के साथ संघर्ष नहीं किया,
लड़ाई के लिए मेरे सामने कोई था भी नहीं,
पहले मैंने प्रकृति से प्यार किया-
और फिर कला से;
जीवन की ज्वाला के सम्मुख,
मैंने दोनों हाथों को चेतावनी दी है;
अब जीवन साथ छोड़ रहा है
मैं विदाई के लिए तैयार हूँ।

हलचल कुछ नष्ट करती है

रोबर्तो क़्वेरोज़
Roberto Quarroz
(1925-1995)

हर हलचल और आंदोलन
कुछ नष्ट करता है,
यह उस स्थान को नष्ट करते हैं-
जो त्याग दिया गया है।

भाव-भंगिमा, जड़ स्थिति
कोई अनाम जीव,
एक चिन्ह, एक उड़ती नजर,
वह प्यार जो लौट आया है।
एक उपस्थिति या अनुपस्थिति
जीवन, हमेशा दूसरे का जीवन,
दूसरों के बिना स्वयं का जीवन,
इन सब को नष्ट करते हैं।

यहां होना भी एक हलचल है
यहां होना कुछ नष्ट करना है,
यहां तक की मृत्यु भी हलचल है-
और मृतक को मारना भी।

यहां हवा में भी
अपराध की गंध आती है,
लेकिन गंध कहीं-

दूर बैठे पिता से आती है
हां गंध भी चलती है।

समय, अन्न, चींटी, पशु
विचार और मनुष्य,
स्थूल और सूक्ष्म
सभी के आंदोलन और हलचल
पुराने को नष्ट करते हैं
और जन्म देते हैं नये को।

आकाश में सोने की गेंद

स्टीफन क्रेन
Stephen Crane
(1871-1900)

एक व्यक्ति ने आकाश में सोने की गेंद देखी,
उसे पाने के लिए वह ऊपर चढ़ने लगा,
अंत में उसने गेंद को पा लिया,
पर, वह मिट्टी की निकली।
फिर एक विचित्र घटना घटी:
जब वह धरती पर पहुँचा
गेंद को उसने फिर से देखा और बोला:
"अरे यह तो सोने की है।"
फिर दूसरी विचित्र बात हुई:
गेंद सोने की ही थी
हां, स्वर्ग साक्षी है कि
वह गेंद सोने की ही थी।

एक अधूरी कहानी: आग और पानी

लाइज़ल मुलर

Lisel Mueller

(जन्म: 1924)

क्या तुम वह कहानी कह रहे हो जिसमें:
(पति) "आग पत्नी के पास पानी कैसे ले गया"
तुम कहते हो ऐसा हमेशा होता है,
विपरीत ध्रुव आकर्षित करते हैं।

एकाकार होने के लिए वे-
एक-दूसरे में प्रवेश करना चाहते हैं,
इसलिए आग ने पत्नी को ज्यादा से ज्यादा जलाया,
और पानी ने आग को पानी में डुबाने की पूरी कोशिश की।
इसे पहला प्रेम कहते हैं,
यह चोट नहीं पहुँचाता।
किन्तु कुछ देर बाद वह रोने लगी,
उसने कहा कि वह उसे जान से मार रहा है,
आग ने चिल्लाकर कहा कि पानी में
वह सांस नहीं ले पा रहा है।
अपने बच्चों से कहो कि
इस कहानी का अंत वह स्वयं लिखें,
वह लिखेंगे, अवश्य लिखेंगे।

इतना ही कहना है

विलियम कार्लोस विलियम्स
William Carlos Williams
(1883-1963)

आइस बॉक्स मैं रखे प्लम्स-
मैंने खा लिए हैं।
जिन्हें तुमने शायद
सुबह के नाश्ते के लिए बचा रखे थे।
मुझे क्षमा करें
वे इतने मीठे और शीतल थे
कि मैं अपने आप को रोक नहीं पाया।

2. बरसाती गुलाब

वहां बरसात मैं गुलाब थे
मैंने विरोध करते हुए कहा "उन्हें मत काटो"
मेरी पत्नी ने कहा "वे ज्यादा दिन नहीं रहेंगे।
मैंने कहा "मगर वे जहाँ हैं, बहुत सुंदर हैं"।
फिर उसने कहा
"अरे एक समय हम सब सुंदर थे।
उन्हें काट कर मेरे हाथ में दे दो।"

दादी के आखिरी शब्द

विलियम कार्लोस विलियम्स
William Carlos Williams
(1883-1963)

उसके अस्त-वयस्त छोटे से बिस्तर के पास
एक छोटी टेबल पर दुध का ग्लास-
और कुछ गन्दी प्लेट्स रखी हुई थी।

झुर्रियाँ पड़ी हुई त्वचा और लगभग अंधी आँखे,
वह लेटी हुई खर्राटे भर रही थी,
खाना मांगने के लिए जब वह चिल्लाती-
तो उसकी आवाज़ में गुस्सा भर जाता था।

"मुझे कुछ खाने के लिए दे दो-
ये लोग मुझे भूखों मार रहे हैं,
मैं ठीक-ठाक हूँ, मैं अस्पताल जाने वाली नहीं हूँ,
बिलकुल नहीं।"
दादी ने कहा: "मुझे खाना दो"
मैंने कहा: तुम्हें अस्पताल ले जाना है,
जब तुम अच्छी-भली हो जाओगी-
तब जैसा चाहो वैसा करते रहना।"
यह सुनकर वह मुस्कुराई,
"हां, तो तुम पहले जो चाहो सो कर लो
फिर मैं जो चाहूंगी वह कर लूँगी।"

जब एम्बुलेंस वालों ने उसे उठा कर
स्ट्रेचर पर लिटा दिया,
तब वह चिल्लाई- "अरे, अरे:
क्या यही कहा जाता है मुझे आराम देना।"
अब तक सारा खेल वह समझ गई थी।
फिर उसने कहा: "ओह, नौजवानों
तुम सोचते हो कि तुम चतुर हो!
पर मैं कहती हूँ कि तुम कुछ नहीं जानते।"
अब हम रास्ते पर चलने लगे,
हमने एल्स वृक्षों की लम्बी कतार पार कर ली,
दादी ने एम्बुलेंस की खिड़की से थोड़ी देर तक-
उन वृक्षों की और देखा और बोली:
"ये सब बाहर दिखाई देने वाली चीजें क्या हैं?
पेड हैं न? मैं इन्हे देख-देख कर थक गई हूँ।"
इतना कहकर उसका सिर एक तरफ लुढ़क गया।

अमेरिका का रेखा चित्र

डोनाल्ड जस्टिस
Donald Justice
(1925-2004)

टेलीफोन के खम्बे
लंबे समय से
उन पक्षियों की ओर
अपनी बांहें फैलाए हुए हैं
जो उन पर बैठ नहीं रहे हैं।
वे खिन्न होकर
विचित्र काँव-काँव करते हुए
पश्चिम की ओर जा रहे हैं
जहाँ घने पेड़ एक नाले के पास
एकत्र हो रहे हैं।
यह केन्सास है,
जहाँ पहाड़ शुरू होते हैं,
किसान के उन लड़कों की-
मुंदी आँखों के बिलकुल पीछे
जो अपने काम करने के कपड़े पहने ही-
गहरी नींद में सो गए हैं।

बिस्तर में बातचीत

फिलिप लार्किन
Philip Larkin
(1922-1985)

बिस्तर में बातचीत
बिलकुल सरल होनी चाहिए।
यह तब तक चलती है-
जब तक की साथ-साथ सोते हुए,
दोनों व्यक्तियों के प्रतीक
निष्कपट होते हैं।

यद्यपि अधिकतम समय
चुप्पी में ही चला जाता है,
बाहर हवाओं का असंतोष
बादलों को रचकर
आकाश मैं फैलता रहता है।

अँधेरी बस्तियां-
क्षितिज पर बसती रहती हैं।
इनमें से कोई भी,
दोनों की चिंता नहीं करता।
कोई बताता नहीं कि अलगाव से उपजी
इस अनोखी दूरी के लिए;
ऐसे शब्द जो एकदम सत्य और उदार
या असत्य और कठोर हों,
खोज पाना कठिन क्यों है?

ईर्ष्या का स्वप्न

शेमस हेनी
Seamus Heany
(1939-2013)

तुम्हारे और एक अन्य महिला के साथ
जब हम वनोद्यान में विहार कर रहे थे,
तब फुसफुसाते हुए घास ने उसकी उंगली
हमारे अनुमानित मौन में दौड़ा दी।
पेड़ों से गुजरते हुए हम आगे बढ़े तो
अचानक हमें छायादार खुली जगह दिखाई दी,
सफाई करके हम वहां बैठ गए।
मैं सोचता हूँ प्रकाश की चकाचौंध ने-
हमें अचंभे में दाल दिया,
हमने इच्छा और ईर्ष्या जागने सम्बन्धी-
चर्चा शुरू कर दी।
ढीले-ढीले गाउन या
सफेद पिकनिक टेबल क्लाथ जैसी-
लम्बी-चौड़ी हमारी बातचीत
पुस्तक या शिष्टाचार की तरह
जंगल में फैल गई।
मेरी संगिनी की और उन्मुख होकर मैंने कहा:
"क्या तुम दिखाओगी मुझे-
तुम्हारे वक्ष का लाल-जामुनी सितारा?
वह मुझे बेहद लुभाता है।

उसने अपनी सहमति दे दी,
पर बोली: "अरे न तो ये कविताएं और
न मेरी चतुराई, केवल प्यार ही-
तुम्हारी आहत दृष्टि को राहत दे सकता है।"

अनुचित बागवानी

मेरियन मूर
Marianne Moore
(1887-1972)

यदि पीला रंग बेवफाई का प्रतीक है
तो मैं भी नास्तिक हूँ,
पीले गुलाब के प्रति मैं दुर्भावना सह नहीं सकता,
क्योंकि पुस्तकों में कहा गया है कि
पीला रंग अपशकुन की सूचना है,
और श्वेत शुभ-मंगल का वचन देता है।
तुम्हारी विशेष हैसियत
और तुम्हारा निजता का बोध,
उसका तिरस्कार करते हैं,
उसके स्वाभिमान को सहना-
तुम्हारे लिए दुष्कर होता है।

2. कविता

मुझे भी कविता अच्छी नहीं लगती,
इसके प्रति पूर्ण घृणा के बाद भी-
मैं इसे पढ़ता हूँ।
और, अंत में:
इसमें खोज पाता हूँ,
प्रमाणिकता के लिए पुनर्वास।

कबाड़ी

कार्ल सैंडबर्ग
Carl Sandburg
(1878-1967)

मैं खुश हूँ कि भगवान ने-
मौत को देख लिया है,
और थके-हारे लोगों की देखभाल का काम भी-
उसे सौंप दिया है:

दीवार घड़ी के सभी भीतरी चक्र घिस गए हैं
धीरे-धीरे उसके जोड़ ढीले हो रहे हैं
घड़ी टिक-टिक करती चल रही है,
हर घंटे का समय गलत बता रही है
घर के लोग उसका मजाक उड़ा रहे हैं
उसे एक सुस्त और बेकार घड़ी कहा जा रहा है।

घड़ी उस समय बेहद खुश होती है
जब कबाड़ी अपनी वेगन लेकर-
घर तक आ जाता है और
घड़ी को बाँहों में भरकर कहता है:
"तुम्हारा इस घर से नाता टूट चूका है,
तुम्हें मेरे साथ चलना होगा।"
उसे ले जाते हुए कबाड़ी के हाथों का स्पर्श
जब घड़ी ने महसूस किया
तब उसकी खुशी का ठिकाना नहीं रहा।

अन्तिम उत्तर

कार्ल सैंडबर्ग
Carl Sandburg
(1878-1967)

कुहरे पर मैंने एक कविता लिखी,
एक महिला ने पूछा: उसका मतलब क्या है?
तब मेरा ध्यान कुहरे के मोतिया सौन्दर्य पैर केन्द्रित था।
शाम को दीपक की लौ से झिलमिलाती मटमैली झोपड़ियों को
वह काँपते हुए रंगीन रहस्मय बिन्दुओं में बदल देता है।
मैंने उत्तर दिया:
एक समय बहुत पहले
सारा संसार ही कुहरा था,
आने वाले कुछ दिनों में-
यह फिर कुहरा बन जाएगा।
हमारी अस्थियों और ऊतकों की अपेक्षा-
खोपड़ियों और फेफड़ों में ज्यादा पानी होता है,
सभी कवि धूल और कुहरे से प्यार करते हैं,
क्योंकि घूम फिर कर सभी उत्तर
धूल और कुहरे तक पहुँच जाते हैं।

कवि बनने के लिए क्या जानना चाहिए

गैरी स्नाईडर
Gary Snyder
(जन्म: 1930)

जानवरों को व्यक्तियों के रूप में जानो।
वृक्षों, फूलों और खरपतवार के नाम जानो,
तारों के नाम, ग्रहों की चाल और चंद्रमा को जानो।
सुंदर एवं सतर्क दिमाग सहित अपनी-
छ: इन्द्रियों को जानो।
कम से कम एक पारम्परिक जादू:
दिव्यता, ज्योतिष, परिवर्तनों की पुस्तक, तारे और सपने,
भ्रामक शैतान और भ्रामक जगमग देवताओं को जानो।
शैतान के गधे को चूमो और गंदगी खाओ;
सींग और शलाका वाले मुर्गे, चुड़ैल, स्वर्गीय देवदूतों को जानो।
सुरभित एवं सुनहरी कुमारियों के साथ बदसलूकी करो।
और फिर, मुनष्यों से प्यार करो।
पत्नियां, पतियों और मित्रों से।
बच्चों के खेल, कॉमिक की किताबें, बबलगम
टेलिविज़न और विज्ञापन की विचित्रताएं जानो
काम, अनाकर्षक और ठन्डे कामकाज को निगलना, स्वीकारना
उसके साथ रहना और अंत में उससे प्यार करना सीखो।
थकावट, भूख, आराम,
नृत्य की निर्बन्ध आजादी, आनंद विहोर होना,
शांत-एकांत, जागरूकता और आनंद,
वास्तविक खतरा, द्यूत कर्म और मौत का छोर,
कवि बनने के लिए इन सब को जानो-पहचानो।

फिर स्वयं से रिश्ता जोड़ो

डेरेक वालकॉट

Derek Walcott

(जन्म: 1930)

समय आएगा जब तुम प्रफुल्ल होकर,

स्वयं को अपने द्वार पर आता हुआ देखकर-

स्वागत करोगे,

अपने ही दर्पण में दोनों

एक-दूसरे का स्वागत करते हुए मुस्कुराओगे।

और कहोगे कि यहां बैठो कुछ खा लो,

तुम उस अजनबी को फिर से प्यार करोगे-

जो तुम स्वयं ही हो।

उसे मदिरा पिलाओगे, ब्रेड खिलाओगे,

अपना दिल वापस अपने ही दिल को दोगे,

उस अजनबी को जिसने तुम्हें प्यार दिया है।

जीवन भर जिसे तुमने दूसरे के लिए उपेक्षित किया,

वह तुम्हें दिल से जानता है।

बुक शेल्फ से प्रेम-पत्रों को बाहर निकालो,

फोटोग्राफ और निराशा में लिखी टिप्पणी भी,

दर्पण से स्वयं का प्रतिबिम्ब हटा दो।

(जोड़ी टूटने पर स्वयं से रिश्ता जोड़ो।)

बैठो, अपने जीवन का फिर आनंद लो।

उससे मैं सचमुच प्यार करता हूँ

सर फिलिप सिडनी

Sir Philip Sidney

(1554-1586)

मैं उससे सचमुच प्यार करता हूँ

और कविता में उसका प्रदर्शन करता हूँ।

वह मेरी प्रियतमा,

शायद मेरी व्यथा से कुछ खुशी ले ले;

ये खुशी कदाचित उसे पढ़ने के लिए फुसला ले,

पठन संभवत: उसकी जानकारी बढ़ा दे,

ज्ञान उसमें करुणा पैदा कर दे,

और करुणा से उसकी गरिमा बढ़ जाए।

मैं दुख के चेहरे को बेहद काला रंगने के लिये,

उपयुक्त शब्दों की खोज कर रहा हूँ।

उसकी बुद्धिमत्ता को गुदगुदाने के लिये-

मैं सूक्ष्म और सुंदर कल्पनाओं का सहारा ले रहा हूँ।

अन्य पुस्तकों के पृष्ठ इसलिए पलट रहा हूँ कि

शायद उनमें मेरे तत्त मस्तिष्क के लिये कुछ-

नयी और शीतल फुहारें बहती हुई मिल जाएं।

लेकिन शब्द रुक-रुक कर आगे आ रहे हैं,

कल्पना ठहर-सी गई है।

अन्यों के कई पांव मेरे मार्ग में अभी भी-

अजनबियों की तरह बाधक बने हुए हैं।

इस प्रकार पैदा होती हुई पीड़ाओं के सामने असहाय होकर,
अपनी आवारा कलम को दांतों से काट रहा हूँ।
(मैं दुर्भाव के लिए स्वयं को प्रताड़ित कर रहा हूँ)
इतने में, मेरे 'कवि' ने मुझ से कहा:
"मूर्ख, पहले उसके दिल में झांक और फिर लिख।"

रूपांतर

विलियम कलन ब्रायंट
Willam Cullen Bryant
(1794-1878)

जो क्षण-भंगुर सुख की बात करते हैं,
उन्हें करने दो।
पीड़ा भी अपने शिकार को मुक्त कर-
शीघ्र ही शमित हो जाती है,
भीषणतम वेदनाओं की जकड़ संक्षिप्तम होती है।
भयानक सपनों के बाद फिर-
शांति की किरणें लेकर आता है सुप्रभात।
विस्मरण नम्रता से घावों को धोकर-
गहन गुप्त पीड़ा की लज्जा का समापन करता है।
पश्चाताप सद्गुण का स्रोत होता है।
इसकी समुचित वृद्धि-
निर्दोषता और आनन्द से होती है।
यद्यपि आल्हाद को शीघ्रता से
नियंत्रित कर दिया जाता है,
फिर भी युवा अंगों को कसने वाले बंधनों से
मुक्त होने में देर नहीं लगती।

प्रकृति

हेनरी वड्सवर्थ लांगफेलो
Henry Wadsworth Longfellow
(1807-1882)

दिन ढलने पर वत्सल माता,
बच्चे का हाथ पकड़कर, बिस्तर पर ले जाती है,
उसकी आधी इच्छा जाने और आधी नहीं जाने की होती है,
उसकी खेलने की टूटी-फूटी चीजें फर्श पर पड़ी रह जाती हैं
बच्चा खुले दरवाजे से खिलौनों को ताकता है,
बड़ों के द्वारा सहायता के लिए किए गए वादे-
आकर्षक होने के बाद भी उसे तुष्ट नहीं कर पाते।
इसीलिए प्रकृति हमसे, एक के बाद एक,
खेलने की चीजें छीन लेती है।
हमारा हाथ पकड़कर ले जाती है और
नम्रता से चिर विश्राम के लिए सुला देती है।
यह सोचकर हम डर जाते हैं कि
हम जाएं या नहीं जाएं,
हम इतने निद्रालस रहते हैं कि
यह समझ ही नहीं पाते कि-
"अज्ञात हमारे ज्ञान का अतिक्रमण करने की
क्षमता रखता है।"

बरसात का दिन

हेनरी वड्सवर्थ लांगफेलो
Henry Wadsworth Longfellow
(1807-1882)

ठंडा, अँधेरा और उदास है दिन,
बरस रहा है पानी और बह रही है हवा
टूटती दीवार पर अभी भी चढ़ रही है बेल
गिर रही है मृत पत्तियां हवा के झोंकों से,
अभी भी फीका और अंधेरा है दिन।

अंधेरा, ठंडा और शिथिल है मेरा जीवन
हो रही है वर्षा और चल रही है हवा,
बँधे हुए हैं भग्न अतीत से मेरे विचार
इस प्रतिकूलता से धुंधला रही है युवकोचित आशाएं,
अंधेरा और ऊर्जा विहीन है दिन।

हे दुखी हृदय! शांत रहो,
बंद करो अपने शिकवे और शिकायत
मत गाओ अपनी व्यथाओं के गीत,
बादलों के पीछे अभी भी चमक रहा है सूरज;
जुड़ा है सभी भाग्यों से तुम्हारा भाग्य,
होनी चाहिए कुछ बरसात हर एक के जीवन में,
और होने चाहिए कुछ दिन भी मलिन और अंधेरे।

परिवर्तन

पर्सी बिशी शैली
Percy Bysshe Shelly
(1792-1822)

आज जो पुष्प मुस्कुरा रहा है,
वह कल कुम्हलाकर बिखर जाएगा।
हम जिसके साथ रहना चाहते हैं,
वहीं हमें मोहित कर दूर चला जाता है,
इस दुनिया में आखिर आल्हाद है क्या?
तड़ित जो आलोक का मखौल उड़ाती है,
उतनी ही क्षणिक होती है जितनी कि उसकी चमक।
सद‌गुण कितना कमजोर होता है!
मित्रता कितनी विरल होती है!
प्रेम कितना कम आनंद और-
कितनी ज्यादा निराशा देता है?
यद्यपि ये सब हमसे अलग हो जाते हैं बहुत जल्दी
फिर भी, पराई खुशियों से वंचित होने के बाद,
हम जीवन-यापन तो करते ही हैं।
आकाश नीला और ज्योतिर्मय है,
फूल भी प्रफुल्लित है,
रात से पहले जो आंखे दुखी होती है,
वे दिन को प्रसन्नता से भर देती हैं,
शांत प्रहर फिर भी धीरे-धीरे बीतते हैं।

स्वप्न की तरह यहां सब क्षण-भंगुर है,
इसलिए संसार के सौन्दर्य का पान करो।
कहीं ऐसा न हो कि नींद से जागने पर बहाना पड़े-
पश्चाताप के आँसू।

कविता का दान

जोर्ज डि लिमा
Jorge De Lima
(1893-1953)

मैंने पौधों से जंगली शहद तोड़ा
पानी से नमक लिया और आकाश से प्रकाश।
मेरे भाईयों सुनो:
मैंने परमात्मा को चढ़ाने के लिए-
हर चीज से कविता ली है।

न तो जमीन से मैंने सोना खोदा है
न अपने भाईयों का खून चूसा है।
सराय वालों: मुझे अकेला छोड़ दो,
पदाती सौदागर और बैंकरों:
तुमको मुझ से दूर रखने के लिए,
मैं दूरियां बना सकता हूँ।

जीवन विफलता है,
मैं ईश्वर के जादू में भरोसा करता हूँ
नर चूजे चिंचिया नहीं रहे हैं,
सूर्योदय नहीं हुआ है।
मैंने जलयानों को आते-जाते देखा है।
मैंने अंधेरे में टेढ़े-मेढ़े रास्ते देखे हैं।

कप्तान, कांगो कहा है?
संत ब्रैन्डन का द्वीप कहां है?
कप्तान काली रात कैसी होती हैं?
अंधेरे में बड़े कुत्ते भौंक रहे हैं।
ओ अछूतों यह कौन-सा देश है?
जो तुम चाहते हो वह देश कौन-सा है?

मैंने पौधों से जंगली शहद तोड़ा
पानी से नमक लिया और आकाश से प्रकाश।
मेरे भाईयों आओ बैठ जाओ मेरे पास,
तुम्हें देने के लिए मेरे पास बची है बस 'कविता'

बिस्तर पर वान चु की पत्नी

रिचर्ड जोन्स
Richard Jones
(जन्म: 1953)

गाँव और कस्बों में
कपड़े, खिलौने और सजावट का सामान बेचकर,
मेरा प्यारा पति वान चु
दूसरी ट्रिप से लौट आया है।
जैसे ही मैं बिस्तर पर निर्वस्त्र लेटकर
उसकी प्रतीक्षा करती हूँ,
वह अपना लैवेंडर शर्ट उतार देता है।
वह कहता है कि मैं ही एक मात्र औरत हूँ
जिससे वह सदैव प्यार करता रहेगा।
चाहे वह चीन के एक कोने से दूसरे तक घूमता रहे,
उसका दिल हमेशा मेरे पास ही रहता है।
साटन की कंचुकी नीचे कर जब मैं उसे-
अपने उरोज देखने देती हूँ।
तब युवा-सुलभ विश्वसनीयता के साथ उसका चेहरा
लैम्प के प्रकाश में चमकने लगता है।
बाहर उसके-हमारे बेटे के हाथों से लगाए गए
चेरी के पेड़ पर वर्षा होने लगी है,
जब गहरी सांस भरकर
वह मुझमें प्रवेश करता है,
तब बड़ी तेजी से एक तूफान-सा आता है-
जो हमारे छोटे से मकान को हिला देता है।

बाद में मेरे हाथ उसकी पीठ तब तक थपथपाते हैं,
जब तक कि वह सो नहीं जाता।
बरसते पानी की आवाज सुनते हुए,
मुझे रात भर जागना अच्छा लगता है,
मगर मेरे लिए सोना भी जरूरी है।
क्योंकि, कल वान चु सैंकड़ों मील दूर चला जाएगा,
और मुझे मिंग पाओ गांव के दर्जी वांग चेन-
की बाहों में रात भर जागना है।

विवेक कहां हैं?

टी.एस. एलियट
T.S. Eliot
(1888-1965)

अंतहीन आविष्कार, अंतहीन प्रयोग,
लाते हैं गति का ज्ञान, पर स्थिरता का नहीं,
प्रवचन का ज्ञान, किन्तु मौन का नहीं,
शब्दों का ज्ञान और संसार का अज्ञान।
हमारा सारा ज्ञान ले जाता है हमें अज्ञानता के निकट,
हमारी सारी अज्ञानता ले जाती है हमें मृत्यु के निकट,
लेकिन मृत्यु की निकटता, नहीं है ईश्वर की निकटता।
जीवन कहां है? उसे खो दिया है हमने रहन-सहन में।
विवेक कहां है? उसे खो दिया है हमने ज्ञान में।
ज्ञान कहां है? उसे खो दिया है हमने जानकारी में।
('कोरस फ्राम द रॉक' से)

शोक-गीत मत गाना

क्रिस्टीना जार्जीना रॉसेटी
Christina Georgina Rossetti
(1830-1894)

मेरे प्रियतम!
जब मैं मर जाऊंगी,
मेरे लिए शोक-गीत मत गाना:
मेरे सिर के पास न तो गुलाब रोपना,
और न साइप्रस उगाना।

पानी की बौछार और ओस-कणों से भीगी
हरी घास बनकर तुम मुझ पर छा जाना,
जब तुम सूख जाओ, मुझे भूल जाना।

मैं नही देखूँगी छाया
मैं नहीं महसूस करूंगी वर्षा;
मैं बुलबुल को नहीं सुनूंगी।
दर्द भरी आवाज में गाते रहना
और उस सांध्य-प्रकाश में स्वप्न देखना
जिसका न उदय होता है न अस्त,
मैं संयोग से तुम्हे याद रखूंगी-
और संयोग से तुम्हें भूल जाऊंगी।

ईश्वर

चार्ल्स बौडेलेर

Charles Baudelaire

(1821-1867)

ईश्वर का अस्तित्व नहीं हो तब भी,
धर्म पवित्र और दिव्य रहेगा।
ईश्वर ही एक ऐसा जीव है जिसे
राज्य करने के लिये,
उपस्थिति की आवश्यकता नहीं है।
मस्तिष्क द्वारा किए गए सृजन,
पदार्थों से अधिक जीवंत होते हैं।

2. कला

नाट्यगृह या नृत्यगृह में,
प्रत्येक व्यक्ति एक-दूसरे का आनंद लेता है।
कला क्या है?
वैश्यावृति।
भीड़ में रहने का सुख,
संख्या के गुणनफल से प्राप्त-
प्रसन्नता की रहस्यमय अभिव्यक्ति।
संख्या सब कुछ है, और सब में है,
संख्या व्यक्ति के भीतर है।
नशा एक संख्या है।

प्यार

चार्ल्स बौडेलेर

Charles Baudelaire

(1821-1867)

प्यार उदार भाव से जनमता है,
जिसे वैश्यालय की चाह कहा जा सकता है;
लेकिन, यह शीघ्र ही स्वामित्व की इच्छा से-
भ्रष्ट हो जाता है।
प्रेम अपने पात्र से मिलन के लिए,
स्वयं से दूर जाना चाहता है
वैसे ही जैसे विजयी देश विजित पर-
पूरा अधिकार जमाने के लिए दौड़ पड़ता है,
और वह भी एक विजेता के विशेषाधिकार के साथ।
अपने प्रेयसी के साथ रहने वाले-
प्रेमी के इंद्रिय भोगों में,
देवदूत और स्वामी की मिलीजुली भूमिका होती है।
वह दान और निष्ठुरता का अद्भुत मिश्रण ही तो है।

प्यार की विदाई

माइकल ड्रेटन
Michael Drayton
(1563-1631)

टूट रहा हैं अब हमारा सम्बन्ध
चलो चूम लें हम एक-दूसरे को,
और हो जाएं विदा सदा-सर्वदा के लिए।
नहीं, अब मिलेगा नहीं कुछ भी तुम्हें मुझसे
हां, खुश हूँ मैं पूरे दिल से,
क्योंकि साफ-सुथरेपन से-
हो सकता हूँ मुक्त मैं तुम से।
तोड़ दे हम अपने सारे वादे
और मिला लें हाथ बिछुड़ने के लिए,
मिल भी जाएं कहीं अगर हम फिर से
तो दिखाई नहीं देना चाहिए यह
हमारी भौंहों से,
रहना नहीं चाहिए हमें याद
पुराने प्रेम का अंश मात्र भी।
लेते समय प्यार की आखिरी सांस,
बंद कर दिया है फड़कना उसकी नाड़ी ने
सो गया है मूक होकर उसका यौनावेश
झुका हुआ है घुटने मोड़कर-
मृत्यु के पास उसका विश्वास,
बंद कर रही है निष्कपटता अपनी आंखे।
बदलकर अपना मानस तब भी
कर सकती है वह जीवित अपने मृत प्रेमी को।

न नारी न पुरुष

एडिथ सोडरग्रान
Edith Sodergran
(1892-1923)

मैं महिला नहीं
मैं न्यूटर हूँ।
मैं एक बच्चा हूँ, एक सेवक लड़का-
और एक साहसी निर्णय,
तेज लाल सूरज की एक विहँसती किरण हूँ,
सभी अतिभक्षी मछलियों के लिए जाल हूँ,
प्रत्येक महिला के सम्मान में उठाया गया
मदिरा का ग्लास हूँ,
मैं सौभग्य और विनाश की ओर
उठाया गया एक कदम हूँ,
मैं स्वतंत्रता और आत्मपरकता में
लगाई गई छलांग हूँ,
मैं पुरुष के कान में की गई फुसफुसाहट हूँ,
मैं आत्मा की थरथराहट,
शरीर की इच्छा और इंकार हूँ,
मैं नए स्वर्ग-लोकों में प्रवेश का संकेत हूँ,
मैं एक अन्वेषक साहसी ज्वाला हूँ
मैं ऐसा गहरा पानी हूँ जो घुटनों से ऊपर-
चढ़ने की हिम्मत नहीं रखता।
बिना शर्त,
मैं आग और पानी का ईमादार मिश्रण हूँ।

शरीर एक रहस्य है

एडिथ सोडरग्रान
Edith Sodergran
(1892-1923)

मेरा शरीर एक रहस्य है,
जब तक यह भंगुर वस्तु जीवित है
तब तक इसकी शक्ति तुम महसूस करोगे।
मैं संसार की रक्षा करूंगी।
इसीलिए ईरॉस का रक्त-
मेरे ओंठों में बह रहा है,
और ईरॉस का स्वर्ग-
मेरे घुंघराले बालों में चमक रहा है।
थकान हो या पीड़ा, मैं केवल यह-
देखना चाहती हूं कि पृथ्वी मेरी है
जब मैं थककर अपने बिस्तर पर-
ढेर हो जाती हूँ तब मैं जानती हूँ कि
इस भूमि का भाग्य
मेरे दुर्बल हाथ की मुट्ठी में है।
मेरे जूतों में मेरी शक्ति स्पंदित होती है,
मेरी वेशभूषा की तहों में यह थिरकती है,
यह शक्ति मेरे सामने खड़ी किसी भी-
विकट बाधा से भयभीत नहीं होती।

निर्मम नर्क

एडिथ सोडरग्रान
Edith Sodergran
(1892-1923)

ओह नर्क कितना भव्य है!
वहां कोई भी मौत की बात नहीं करता।
नर्क पृथ्वी के परकोटे में बंद है
वह चमकीले फूलों से सजा हुआ है,
नर्क में कोई भी निरर्थक शब्द नहीं बोलता।
वहां न तो कोई नशा करता है-
और न आराम करता है।
और न सोता है,
न कोई निठल्ला बैठता है,
और न आराम करता है।
नर्क में कोई भी बोलता नहीं,
हर एक चीखता है।
वहां आँसू आँसू नहीं हैं,
और सारे दुःख दुर्बल हैं।
नर्क में न कोई थकता है
और न बीमार होता है
नर्क स्थिर और अचल है।

कविता में गुलाब खिलने दो

विसेंटे हुइदोबरो
Vicente Huidobro
(1893-1948)

काव्य को उस कुंजी की तरह रहने दो
जो हजारों दरवाजे खोल सके।
एक पत्ती गिरती है: कुछ पास में उड़ता है:
आँख जितना देख पाती है उतना सब सृजित करो,
और श्रोता की आत्मा कांपने दो।
अपने विश्व को देखो:
जो विशेषण जीवन नहीं दे पाता-
उसे नष्ट कर दो।
हम चिन्ता और भय के दौर से-
गुजर रहे हैं।
संग्रहालयों में रखी स्मृतियों की तरह-
मांस-पेशी लटक रही है:
किन्तु उससे हमें कमजोर नहीं होना चाहिए:
सच्चा बल मस्तिष्क में रहता है।
ओ कवियों गुलाबों के गीत मत गाओ
उन्हें तुम्हारी कविताओं में खिलने दो।
सूरज के नीचे सारी चीजें-
हमारे लिए रखी हुई हैं,
कवि एक नन्हा विधाता है।

नदियों की माला

विसेंटे हुइदोबरो
Vicente Huidobro
(1893-1948)

मैं बनाऊंगा एक माला-
उन नदियों की,
जिन्हें कर चुका हूँ पार।
अमेज़न, साइन
थेम्स और राइन
सैंकड़ों जलयानों ने
बांध दिये हैं उनके पांव
मेरे अनाथ केवट का गीत,
किनारों को कह रहा है अलविदा।
मैं सांस लेता हूं रोज पर्वतों की गंध में
'ब्लैक' पर्वत के लहराते बालों को विभाजित कर,
काढ़ता हूं मैं उसकी तीन मांग,
फिर, सर्वोच्च शिखर पर चढ़कर,
सुलगाता हूँ अंतिम सिगार-
डूबते सूरज की आग से।

स्टैलिन

आसिप मान्देलस्तम
Osip Mandelstam
(1891-1937)

हम रहते हैं ऐसे, जैसे हमारे पैरों के नीचे-
जमीन नहीं है,
एक दर्जन कदमों से आगे हमें
कोई सुन नहीं पाता।
जब आधी-अधूरी बातचीत के लिए
समय पर्याप्त होता है,
अरे तब हमें क्रेमलिन पर्वतारोही
याद आते हैं:
सघन उंगलियां, कीटों जैसा मोटापा
और तैलिया रंग,
लोहे के बाट जैसे ठोस शब्द
घनी मूंछ के नीचे दबी मुस्कान
और जगमगाते जूते।

उसके आस-पास पतली गर्दन वाले-
कमानों की भीड़,
वह खेलता है 'अर्द्ध-पुरुषों' के पसीने से।
कुछ बजा रहे हैं सीटी,
कुछ मिमिया और घिघिआ रहे हैं
वह अकेला ही देख रहा है और
लोगों के शरीर में कुछ चुभोता जा रहा है,

हार्सशू की तरह
डिक्री पर डिक्री लगा रहा है:
एक के कूल्हे पर, दूसरे के मस्तक पर
और तीसरे की आंखों के बीच में।
जब भी उसे शिकार मिल जाता है,
रासबेरी चबाते हुए-
चौड़ी छाती वाले जॉर्जिया वासी की तरह,
उसका चेहरा खुशी से दमकने लगता है।

लिखने की आजादी

आसिप मान्देलस्तम
Osip Mandelstam
(1891-1937)

यदि हमारे शत्रु मुझे पकड़ लेते हैं
और लोग मुझ से बोलना बंद कर देते हैं,
यदि वे सारी दुनिया पर कब्जा कर लेते हैं,
श्वास लेने और खुले द्वार रखने का-
अधिकार भी छीन लेते हैं।
फिर, वे आश्वस्त कर देते हैं कि
मेरा अस्तित्व बना रहेगा और-
लोग न्यायाधीश की तरह न्याय करेंगे।
जब भी वे मुझे एक पशु जैसा-
रखने की हिमाकत करेंगे और
मेरा भोजन फर्श पर फेंक देंगे,
मैं न तो चुप रहूँगा और
न ही मेरे दुख-दर्द भूलूंगा।
वह सब लिखता रहूँगा।
जिसे लिखने के लिए मैं आजाद हूँ।
दस बैलों के बल से मेरी आवाज को ढोकर,
और मेरे हाथ को अंधेरे में हल जैसा चलाकर,
फसल से पूरा भरकर उसे नीचे लाऊंगा।

विलास भवन

सी.पी. कैवेफी

C.P. Cavafy

(1863-1933)

जब मैं विलास भवन में गया
तो आगे के उन कमरों में नहीं ठहरा,
जहां वे प्रेम के कुछ स्वीकृत शिष्टाचार के साथ-
उत्सव मना रहे थे।
मैं सीधे गुप्त कक्षों में चला गया
वहां उनके बिस्तरों पर लेट गया।

मैं ऐस गुप्त कक्षों में भी गया
जिनका नाम लेने में मुझे शर्म आती है;
लेकिन मेरे लिए शर्म की बात नहीं है
क्योंकि, यदि ऐसे कक्ष वहां थे तो, क्या हो गया,
फिर मैं किस तरह का कवि या कलाकार हूँ?
इससे तो बेहतर होता कि मैं सन्यासी होता।
साधारण कक्षों में सुख खोजने की लालसा से-
विरक्त होना तो मेरे काव्य के अनुरूप ही नहीं,
बहुत ज्यादा अनुकूल होता।

दिल का विनिमयः एक छोटा गीत

सर फिलिप सिडनी
Sir Philip Sidney
(1554-1586)

मेरे सच्चे प्रेमी के पास मेरा दिल है
और उसका मेरे पास,
यह केवल विनिमय है - एक के बदले दूसरा:
उसका दिल मैं छाती से लगाकर रखती हूँ,
और वह मेरा कभी अनदेखा नहीं करता।
इससे अधिक लाभदायी अदल-बदल-
शायद ही कभी हुआ होगा,
मेरे सच्चे प्रेमी के पास मेरा दिल है,
और उसका मेरे पास।

मुझ में स्थित मेरा दिल-
उसे और मुझे एकमेव रखता है,
उसमें बसा मेरा दिल-
उसके विचार और बोध को दिशा देता है।
वह मेरे दिल को प्यार करता है,
क्योंकि एक समय वह उसी का था।
मैं उसके दिल का पोषण करती हूँ,
क्योंकि वह मुझ में बसता है।
मेरे सच्चे प्रेमी के पास मेरा दिल है,
और उसका मेरे पास।

प्यार में अस्थिरता

रॉबर्ट बर्न्स
Robert Burns
(1759-1796)

महिलाओं को कभी नहीं करना चाहिए-
प्यार में अस्थिरता की शिकायत,
यह शिकायत भी नहीं करनी चाहिए कि
अस्थिरमना पुरुष यायावर और घुमन्तू होता है।
उठकर प्रकृति के विस्तार में देखो,
उसका प्रबल नियम 'परिवर्तन' है,
रमणियों क्या तुम्हें तब विचित्र नहीं लगेगा,
जब मानव एक दानव बन जाएगा।

हवा पर ध्यान दो और आकाश को देखो
समुद्र में ज्वार चढ़ता और उतरता है
सूरज और चाँद उगने के लिए अस्त होते हैं,
ऋतु-चक्र सतत् चलता रहता है।
फिर बुद्धू आदमी से क्यों कहती हो:
विरोध करने के लिए प्रकृति की महान योजना का।
जब हम स्थिर रहना चाहेंगे, अवश्य रहेंगे,
क्या तुम जानती हो कि तुम स्थिर कभी रह नहीं सकती।

कुमारियों के लिए

रॉबर्ट हेरिक

Robert Herrick

(1591-1674)

जब तक मई का महीना है
गुलाब की कलियां चुन लो,
बीत रहा है पुराना समय तेजी से:
जो फूल आज मुस्कुरा रहा है
वह कल अदृश्य हो जाएगा।
स्वर्ग का गौरवशाली दीप, सूरज
चढ़ रहा है ऊपर,
शीघ्र ही पूरी हो जाएगी उसकी दौड़
और जल्दी ही हो जाएगा वह अस्त।
वह उम्र सर्वोत्तम होती है, जो आती है पहले
तुम तुम्हारा यौवन और रक्त-
रहता है अधिक ऊष्ण,
वे दिन बीतते ही आ धमकता है
बुरे से बुरा समय।
तुम लजाने का अभिनय मत करो
समय का पूरा सदुपयोग करो,
तुम बाद में शादी जरूर करोगी:
लेकिन एक बार तुम्हारा यौवन चला गया-
तो फिर हमेशा प्रतीक्षा ही करती रहोगी।

यदि

रूडयार्ड क़िपलिंग
Rudyard Kipling
(1865-1936)

यदि तुम्हारे आस पास के लोग
खो देते हैं अपना मानिसक संतुलन,
और मढ़ते है उसका दोष तुम पर-
तो तुम्हें बनाए रखना चाहिए अपना मानसिक संतुलन।

जब सभी लोग संदेह करते हैं तुम पर
तब उन्हें ऐसा करने दो,
मगर स्वयं पर भरोसा बनाए रखो;
यदि तुम प्रतीक्षा कर सकते हो तो करो,
लेकिन प्रतीक्षा करने से थको नहीं।
यदि तुमने बोल दिया हो झूठ यहां वहां-
तो भी कोई बात नहीं,
झूठ का व्यापार मत करो।
लोगों द्वारा तुम से घृणा करने पर भी-
घृणा को प्रोत्साहित मत करो।
इसके बाद भी,
न तो बहुत अच्छा दिखाओ अपने आप को,
और ही बुद्धिमानी की बात करो;

यदि तुम देखना चाहते हो स्वप्न तो देखो
किन्तु स्वप्न को तुम्हारा स्वामी मत बनने दो;

यदि तुम सोच सकते हो तो सोचो
पर विचारों को अपना उद्देश्य मत बनाओ।
यदि तुम जीत और आपदा का
कर सकते हो सामना तो अवश्य करो,
मगर इन दोनों ठगों के साथ
समान बर्ताव मत करो।

मानवता को ही न तोड़ बैठें?

विनायक कृष्ण गोकाक

V. K. Gokak

(1909-1992)

कहीं हम
लोहे के फेफड़ो से सांस न लेने लगें
रोबोट के हाथों से खाना न खाने लगें
मृतक की आँखों से न देखने लगें,
और नए लगाए नकली दिल से-
अनुभव करना न सीख लें।

कहीं हम
अणु को तोड़कर
मानवता को ही न तोड़ बैठें,
कहीं हम जेट या राकेट के सामने
अगरबत्ती न जलाने लगें
और उस क्षितिज को ही न भूल बैठें
जो हमारे वहां पहुँचते ही-
पुलकित हो उठता है।

जीवन

विलियम ड्रमंड
Willam Drummond
(1585-1649)

बहुत निष्पक्ष दिखाई देने वाला जीवन,
उस बुलबुले के समान है
जिसे बच्चों ने खेलते हुए-
अपनी फूंक से हवा में उड़ा दिया।
वे हर जगह उसका पीछा करते हुए
इस कोशिश में थे कि कौन उसे-
सबसे तेज उड़ा सकता है।
कभी लगता है कि वह स्वयं भी-
अपनी शक्ति से स्थिर हो जाना चाहता है
सोने की आँख की तरह।
उस खाली ऊँचाई में भी वह मंडराना चाहता है;
यह संभव है, क्योंकि वह बहुत हलका है।
उस चकाचौंध में वह बहुत देर तक-
दिखाई नहीं दे सकता।
होती है उसकी खूब प्रशंसा कल्पना और विचार में,
लेकिन वह पहले भी नहीं था,
और आज भी नहीं है।

शक्ति घूमती है वृत्त में

ब्लैक एल्क
Black Elk
(1863-1950)

जो कुछ भी करती है विश्व की शक्ति,
करती है वह एक वृत्त में।

आकाश गोल है,
और सुना है मैंने कि
पृथ्वी भी गेंद की तरह गोल है,
और वैसे ही हैं सभी तारे।

वायु सारी शक्ति लगाकर घूमती है वृत्त में,
पक्षी बनाते हैं वृत्ताकार घोंसले
क्योंकि उनका और हमारा धर्म है एक ही।

सूर्योदय और सूर्यास्त होते हैं वृत्त में
चंद्रमा भी उगता और डूबता है वृत्त में,
सूर्य और चंद्र दोनों ही गोल हैं।

बदलती हुई ऋतुएं भी बनाती हैं एक बड़ा वृत्त,
और वे पहले जहां थी वहीं लौट आती हैं।

बचपन से बचपन तक
मनुष्य का जीवन भी एक वृत्त है।

पहुँचती है शक्ति जहां भी
होता है यही वस्तुओं के साथ वहां भी।

प्यार सब कुछ नहीं

एड्ना विन्सेन्ट मिलै
Edna Vincent Millay
(1892-1950)

प्यार सब कुछ नहीं:
यह रोटी और पानी नहीं
न यह गहरी नींद है और
न वर्षा से बचाने वाली छत,
न ही पानी में डूबते-उतराते-
आदमी को बचाने की नौका।
फेफड़ों में श्वास भी नहीं भर सकता प्यार
न रक्त साफ कर सकता है
न टूटी अस्थि जोड़ सकता है,
जब मैं प्रेम की कमी की
बात कर रही हूँ तब भी
बहुत से लोग मौत को मित्र बना रहे हैं।

यह संभव है कि कठिन समय में-
पीड़ा से मुक्ति पाने की चेष्टा में कराहती,
संकल्प की कमी होने से
जरूरतों के तकाजे सहती;
पाने के लिए शांति-
मैं तुम्हारा प्यार भी बेच सकती हूँ,
या इस रात की स्मृति के बदले में
खरीद सकती हूँ भोजन,
बेहतर होगा यदि ऐसा कुछ-
मैं सोच ही नहीं सकूं।

विद्वान

रॉबर्ट साउदी
Robert Southey
(1774-1843)

बीत गए दिन मृतकों के बीच रहने के,
फिर भी उन्हें पाता हूँ मैं अपने ही आस-पास,
जहां भी अचानक जाती है मेरी नजर,
वहीं दिखाई दे जाते हैं मुझे पुष्ट मस्तिष्क वृद्धों के
वे मेरे साथी हैं सनातन और विश्वस्त,
उनसे करता हूँ वार्तालाप प्रतिदिन।

सुख में उनके साथ बाँटता हूं अपनी प्रसन्नता
और दुख में कर लेता हूँ अपना बोझ हल्का,
मैं समझता हूँ और करता हूँ अनुभव कि
उन्होंने किया है मुझ पर कितना ज्यादा उपकार,
उनके प्रति मेरी कृतज्ञता के आँसू-
बहुधा कर देते हैं मेरे गालों को गीला।

अपने दिवंगत अग्रजों के ध्यान में
अक्सर रहता हूँ मैं खोया-खोया
मैं नहीं देता ध्यान उनके दोषों पर-
लेकिन उनके सद्गुणों से करता हूँ बेहद प्यार,
उनकी आशा और भय में होता हूँ भागीदार
और खोज लेता हूँ उनके पढ़े हुए पाठों में
अपने लिए उपयोगी अनुदेश और विचार।

जुड़ी हुई है मेरी आशाएं
उन मृतकों के आदर्श और विचारों से
मेरा घर जल्दी ही हो जाएगा उनका।
मैं करता रहूंगा यात्राएं भविष्य में उनके साथ
भरोसा है मुझको कि मैं कर दूंगा-
दुनिया में उनका नाम रोशन।

ठहर नहीं पाता रंग सुनहरा

रॉबर्ट फ्रॉस्ट
Robert Frost
(1874-1963)

सुनहरी होती है
प्रकृति की पहली हरियाली
सबसे कठिन है
रचाएं रखना यह रंग।
फूल है प्रकृति की पहली पत्ती
लेकिन बस घंटे भर के लिए।
फिर समा जाती है पत्ती में पत्ती,
जैसे डूब गया था दुःख में 'इदन'
जैसे ढल जाता है दिन में सवेरा,
ठहर नहीं पाता है रंग सुनहरा।

असेम्बली लाइन

शु टिंग
Shu Ting
(जन्म: 1952)

असेम्बली लाइन के जमाने में
रात रात को दबा रही है,
नाइट शिफ्ट से जब घर के लिए निकलते हैं
तब लोग लाइन में ही चलते हैं।
हमारे सिर पर पंक्तिबद्ध-
तारों की असेम्बली आकाश में दिखाई देती है।
हमारे आस-पास के वृक्ष
मरणासन्न असेम्बली लाइन में खड़े हैं।

हजारों वर्षों तक एक जैसी यात्रा करते-करते
तारे थक गए हैं,
सभी छोटे-छोटे पेड़ बीमार पड़े हैं,
एकरसता और धुंए-कुहरे से-
उनके कंठ रुंध गए हैं,
उनका रंग और रूप लुप्त हो रहा है।
उनके लिए संवेदनशील होना कठिन नहीं है
क्योंकि हम एक ही गति और लय के शिकार हैं।

हां, मैं अपने अस्तित्व के प्रति ही बेखबर हूँ:
मानो, पेड़ों और तारों की तरह,
शायद, आदत के कारण
शायद, दुःखदर्द के कारण,
मैं अपने विनिर्मित भाग्य के लिए
चिन्ता व्यक्त करने में असमर्थ हूँ।

दर्पण

शु टिंग
Shu Ting
(जन्म: 1952)

अंधेरी नीली रात में
पुराने घाव अचानक फफक जाते हैं,
बिस्तर जब पुरानी घटनाओं को गर्माता है
तब वह धैर्यवान प्रेमी होता है,
डी-डा-डी-डा करती टेबल-घड़ी
स्वप्न को अपने शरीर पर पीट-पीट कर
उसे नीला और काला बना देती है।
दीवार के सहारे प्रकाश के लिए
लटकी हुई चेन को टटोलते हुए-
अनचाहे मैं चांदनी के धागे मे उलझ जाती हूँ
जड़ पर चढ़ती हुई सिल्वर फिश की गंध आती है,
अंत में इसीलिए मैं कोमलता का-
जलाशय बन जाती हूँ।
धीरे से करवट लेकर,
स्वयं की ओर देखती हूँ,
हां स्वयं की ओर देखती हूँ,
विशाल दर्पण बिना प्रतिदान के प्यार की-
मासूम सहृदयता का अभिनय करता है,
अस्पष्ट वाल-पेपर अपने चित्रों को-
धुंधला रहा था,
यद्यपि उसकी फ्रेम मजबूत थी,

मैं उन्हें कुम्हलाते देख रही थी: एक के बाद दूसरी पंखुरी,

उन्हें बचाने का मेरे पास कोई उपाय नहीं था,

यद्यपि मैं एक के बाद दूसरी दीवार कूद सकती थी।

फिर भी ऐसा करने से रोकने के लिए-

मेरे पास कई दिन बाकी थे।

महिलाओं को दर्शन की आवश्यकता नहीं होती-

महिलाएं चांद के धब्बे उसी तरह मिटा सकती हैं

जिस तरह श्वान पानी को हिला-हिलाकर बहा देता है।

मोटे पर्दे को बंद कर दो,

प्रातः काल की नम जीभ-

खिड़की का काँच छू रही है,

बिना बंधे फोटोग्राफिक निगेटिव्ज के रोल की तरह

वापस मैं तकिये के गड्ढे में अपना सिर समा देती हूँ,

खिड़की के नीचे खड़ा अखरोट का पेड़-

अचानक काँपता है-

लगता है सहला दिया है उसे-

किसी बर्फीले हाथ ने।

समान प्यार का आग्रह

लूसियान ब्लागा
Lucian Blaga
(1895-1961)

अपने सौन्दर्य से चकित करने वाले-
कोरोला पुष्प को मैं नष्ट नहीं करूंगा।
मार्ग पर चलते हुए मैंने
फूल, ओंठ, आँख और कब्र का-
जो रहस्य देखा है,
उसे जानते हुए कोरोला को कैसे मारूंगा?
गहरे अंधेरे में गुंफित जादू को-
दूसरों का प्रकाश डुबा देता है, लेकिन
मेरे प्रकाश से मैं
संसार का रहस्य बढ़ाता हूँ
वैसे ही, जैसे चन्द्रमा अपनी श्वेत किरणों से
रात के चमकते रहस्यों को
घटाने के बजाय बढ़ाता है।
गहन गोपनीयता की ठिठुरन से-
मैं धुंधलाते क्षितिज को समृद्ध करता हूँ।
जिसे जानना कठिन है, वह अज्ञेय,
मेरी आँखों के सामने-
बन जाता है एक विराट पहेली,
क्योंकि मैं फूल, ओंठ, आँख और कब्र को
प्यार करता हूँ समानता से।

प्रार्थना

लूसियान ब्लागा
Lucian Blaga
(1895-1961)

हे भगवान! तुम्हारा गुप्त अकेलापन
सदैव रहा है मेरी पीड़ा का कारण,
मगर मैं कर क्या सकता हूँ?
जब मैं बच्चा था तब खेलता था तुम्हारे साथ
मैं ले जाता था तुम्हें इधर-उधर खिलौने की तरह,
फिर मैं बर्बर हो गया-
मेरे गीत नष्ट हो गए,
और सदैव तुम्हारे पास नहीं रह पाने से-
मैंने खो दिया तुम्हें,
धरती, आग और पानी में।
सूर्योदय और सूर्यास्त के बीच-
मैं केवल एक घाव और दलदल हूँ।
तुमने स्वयं को कर दिया हैं बंद
आकाश की शव-पेटी में,
काश तुम मृत्यु के बजाय जीवन के निकट होते!
तो मुझसे बोल-बतिया लेते।
तुम जहां भी कहीं हो - जमीन या कहानी में,
वहां से तुम बोलोगे जरूर मुझसे।
भगवान! तुम स्वयं को दिखाओ इन कांटों में,
तभी मैं जान पाऊंगा कि क्या कराना चाहते हो तुम मुझसे।
क्या मुझे पकड़ लेना चाहिए उस विषाक्त भाले को

जिसे फेंका है किसी ने,
पंखों के नीचे तुम्हें चोट पहुँचाने के लिए।
शायद तुम कुछ नहीं चाहते-
तुम एक मूक अपरिवर्तनशील प्रतिमा हो,
(जो अपने आप में 'अ=अ' जैसी गोलमटोल है।)
तुम कुछ नहीं मांगते-
यहां तक कि मेरी प्रार्थना भी नहीं।
देखो, आकाश से तारे उस समय-
संसार में उतर रहे हैं,
जबकि मैं अपने दुःख भरे प्रश्न उठा रहा हूँ।
देखो, वहाँ बिना खिड़की की वह रात आ गई है,
हे प्रभु! अब मुझे क्या करना चाहिए?
मैं तुम्हारे सामने अनावृत्त खड़ा हूँ,
सड़क के किनारे उतारे गए कोट की तरह-
तुम मेरे शरीर को उठा लो।

क्षमादान

जॉन ग्रीनलीफ व्हिटियर
John Greenleaf Whittier
(1807-1892)

बोझिल है मेरा दिल
क्योंकि मेरे भरोसे पर हुआ है घात
क्रूरता में मिला है उसका प्रतिफल:
गहरी उदासी ने मुझे
कर दिया है विमुख मेरे साथियों से।
इस ग्रीष्म के तपते रविवार को,
गांव के हरे टीलों के बीच-
करते हुए चहल-कदमी सोच रहा हूँ मैं कि
प्रेम और घृणा करते हुए लोग-
कैसे फंस जाते हैं दुखद स्थिति के फंदे में,
और प्रत्येक दुष्कर्मी जल्दी या देरी से-
लटकाये हुए दयनीय चेहरा और
स्तब्ध हृदय पर बांधे हुए ठंडे हाथ
कैसे गुजर जाते हैं
समान कब्रों की हरी दहलीज के पास से,
हमारे पांव जिधर मुड़ रहे हैं, उधर से
कोई भी बिदा नहीं होता।
मैं लज्जित हूँ अपने स्वयं के लिए,
अपनी प्रजाति पर मुझे आता है तरस,
एक प्रबल लहर के समान है हमारा साझा दुःख
उसने चूर कर दिया है मेरा गर्व,
काँपते हुए देता हूँ मैं सबको क्षमादान।

कविता और सिरदर्द

विलियम मैथ्युस
William Matthews
(1942-1997)

दो समूहों में बांटकर
सामान्य कक्षा में, मैंने किया कविता-पाठ
हॉल की क्षमता से दुगुने समान वेशधारी-
छात्रों से हॉल खचाखच भर गया।
हर एक हाथ में थी मेरी कविता की पुस्तक।
यदि वह एक स्वप्न था तो उसे-
मैं आज देख रहा था,
प्रश्न और उत्तर का समय शुरू हुआ।
एक उद्धत छात्र ने बालकनी से चिल्लाकर कहा: 'सर'
उसने अपना नाम और रैंक भी बताया
थोड़ी देर बाद फिर चिल्लाया और उसने पूछा:
"सर, जब मैं आपकी कविताओं को-
समझने की कोशिश करता हूँ तब,
मेरे सिर में दर्द क्यों होता है?
क्या आप वह दर्द लेना चाहते हैं?"
तनाव दूर करने के लिए नम्र मजाक-
करने का कौशल मैं जानता हूँ,
लेकिन उसका उपयोग करने का यह समय नहीं था।
"मैं यह बहुत अच्छी तरह से लिख सकता हूँ कि-
मनुष्य होने की अनुभूति कैसी होती है।
मैं बड़ी सावधानी से अपना रास्ता चुन रहा था,

क्योंकि, वह और मैं दोनों ही एक सामान-
आकांक्षाओं की पीड़ा झेल रहे थे।
मैं वह कहने की कोशिश कर रहा था,
जिसे कैसे कहना मैं स्वयं नहीं जानता था,
परंतु, निःसंदेह, कहने के लिए मुझे कुछ मिल नहीं पाया।
अब मेरे पसीने की गोलियां छूटने लगी थीं,
मैं अपनी कविताओं को तब तक कठोर नहीं बनाना चाहता था
जब तक कि स्वयं सत्य ही कठोर न हो,
और यदि वास्तव में सत्य का कहीं अस्तित्व हो तो।
एक भारी कपड़े जैसा मौन हॉल में लटक रहा था,
मेरे भी सिर में दर्द उठ रहा था,
फिर, उसने ऊँची आवाज में पुकारा:
"सर, थैंक यू सर"।

ढहते घर और सूखते कुए

डेविड हडल

David Huddle

(जन्म: 1942)

निकलने के लिये खदानों से जस्ता और सीसा
कंपनी के पास है स्वामित्व का अधिकार
पूरे कस्बे की खनिज संपदा के लिए।
कंपनी ने तीन-चार वर्षों तक जमीन में
ड्रीलिंग करके गहरा
खोज लिया था सही स्थान।
उतार दिया था सही उसमें खुदाई का शैफ्ट।
इस काम के लिए
नहीं किया था उपयोग
कस्बे के किसी व्यक्ति का,
फिर भी, वहां के लोग
कर रहे थे गर्व इस उपलब्धि पर।
अब वे करने जा रहे थे खुदाई,
नई नदी के तल में,
उन्होंने जोड़ दिया इस स्थान को
ऑस्टिनविल की खदान से।
तब लोगों के सूखने लगे कुए,
मानो किसी ने रोक दिया था पानी की आव को,
गिरने लगी थीं कुए की दीवारें
धंस गए थे चार-पांच फीट तक
लोगों के यार्ड के बड़े-बड़े हिस्से

दरकने और सरकने लगे थे मकान।
नुक्सान की भरपाई के लिए कभी-कभार
चुकाने लगी कंपनी थोड़ा-बहुत पैसा,
ट्रक भरकर बोतलों से कंपनी वाले
बेचने लगे थे पानी उन लोगों को
जिनके सुख चुके थे कुए।
मगर समहत थे कस्बे के लोग
कि गंभीर नहीं हैं वहां के हालात।

प्रयाण का प्रहर

डी. एच. लॉरेन्स
D. H. Lawrence
(1885-1930)

यह पतझड़ है,
फलों के गिरने का मौसम
विस्मरण की ओर बढ़ने की बड़ी यात्रा।

ओस की बूंदों की तरह
पेड़ से गिर रहे हैं सेव टप-टप,
स्वयं से मुक्त होने की उतावली में
पहुँचाते हुए आघात स्वयं को।
अपने आप से बिलगाव का पहर,
अलविदा कहने का समय;
गिरे हुए आत्म से बहार निकलकर,
दूर जाने का रास्ता खोजने की-
आ गई है क्रांतिक घड़ी।

स्वतंत्र

जैकलीन होल्टन

Jackleen Holton

(जन्म: 1969)

हमारे पड़ोसी के बड़े फ्रिज और
पंद्रह साल तक वफादार रहे नौकर को देखो,
अब वह सड़क की ओर मुँह करके
खड़ा हुआ है 'ड्राइव वे' पर।
'स्वतंत्र' शब्द लिखा हुआ संकेत-
लापरवाही से लगा हुआ है,
उसके फ्रीजर कंपार्टमेंट पर
हिलता रहा है हवा में यह संकेत।
फ्रंट यार्ड में रखे हुए पुराने घरों के सोफों
और लव सीट्स पर विचार करो,
उन पर भी ऐसे ही लगे हुए हैं संकेत।
अन्यथा सब जानते हैं उनकी हालत,
उन पर चढ़े बदरंग कपड़े,
उनकी पुरानी बनाबट और विगत शैली
और उनका बाहर खुले में रखा जाना-
दर्शाता है कि वे हैं 'स्वतंत्र' सचमुच।
घरों की सज्जा का वह मूक पड़ा सामान,
क्षमादान पाए किचन के उपकरण-
वे बेचारे कर सकते कुछ नहीं।
वे त्यागे हुए बच्चे, बूढ़ी परित्यक्त पत्नियां,
अचानक बेघर हुए लोग या

मतदान के अधिकार से वंचित नागरिकों जैसे-
वे केवल खड़े रह सकते हैं बाहर चुपचाप,
अब वे हैं बिलकुल स्वतंत्र।
मालिकों ने एक-दो शब्दों का 'डिअर जॉन लेटर' लिखकर
कॉफी टेबल और वाशिंग मशीन पर रख दिया है,
उसमें नौकरों को सूचित कर दिया है कि:
"अब हमें तुम्हारी सेवाओं की आवश्यकता नहीं है,
तुम अपनी इच्छानुसार किसी भी समय
यहां से जा सकते हो - तुम 'स्वतंत्र' हो।"

मेरा नीग्रोपन

एमे सिज़ेर
Aime Cesaire
(1913-2008)

उन्होंने न बारूद और न कम्पस का आविष्कार किया
वे नहीं जानते थे भाप और बिजली पर काबू पाना,
उन्होंने न समुद्र और न आकाश खोजा
लेकिन उनके बिना धरती धरती नहीं कहलाती।
मेरा निग्रोपन पत्थर नहीं है,
जिसका बहरापन दिन की चिल्ल-पों पर
सनसना दिया गया है।
मेरा निग्रोपन धरती की फूटी आँख पर
सूखे आँसू का अक्स नहीं है,
मेरा निग्रोपन न तो गुंबद है और न मीनार
वह तो तीखा धैर्य है, जो छेदता रहता है
अपारदर्शी हताशा को।

भयभीत वारसा

जेन फ्लैंडर्स
Jane Flanders
(1940-2001)

मैं वारसा का एक लड़का हूँ-
जिसके दोनों हाथ सिर पर उठे हुए हैं।
मैं एक सिपाही हूँ,
जिसकी राइफल उस लड़के पर तनी हुई है-
जिसके हाथ उसके सिर पर उठे हुए हैं।
मैं नीची नजर करके चलने वाली औरत हूँ,
जो उस सिपाही से डरती हूँ जिसकी राइफल-
उस लड़के पर तनी हुई है,
जिसके दोनों हाथ सिर पर उठे हुए हैं।
मैं ओवरकोट पहना हुआ आदमी हूँ-
नीची नजर करके चलने वाली औरत से मैं प्यार करता हूँ।
वह औरत उस सिपाही से डरती है, जिसकी राइफल-
उस लड़के को निशाना बनाए हुए है,
जिसके कि दोनों हाथ सिर पर उठे हुए हैं।
मैं एक अजनबी हूँ, जो ओवरकोट पहने हुए-
आदमी का फोटो खींच रहा हूँ।
यह आदमी नीची नजर से चलने वाली औरत से
प्यार करता है, जो उस सिपाही से डरती है जिसने-
सिर पर दोनों हाथ उठाए रखने वाले लड़के पर-
राइफल तान रखी है।
वह भीड़ जिसका मैं एक हिस्सा हूँ

मेरी खिड़की के नीचे से गुजर रही है,
मैं एक बूढ़ी औरत हूँ-
जो विश्व की हर सड़क के ऊपर
जो कहते हुए एक चादर लहराती है कि-
"यह सब क्या है? यह सब क्या है?"

स्त्री का आधा प्यार

जॉन यैड

John Yad

(जन्म: 1950)

बालों को धोती हुई या
कंघी करती हुई स्त्री के चित्र-
कलाकारों ने बनाए हैं कई बार।
पास ही में रखा हुआ है दर्पण
लेटी हुई हो टब में यहीं तुम।
सर्द था अपार्टमेन्ट
बालों की सफाई करती हुई तुम
गुनगुना रही थी गीत।
क्षण-भर मैंने वह सब देखा
जिसे देख चुके थे वे चित्रकार बहुत पहले,
करती हैं स्त्री आधा प्यार तो अपने आप से
और आधा शेष संसार से।

गंदा हाथ

कार्लोस ड्रमंड डी एंड्राड
Carlos Drummond De Andrade
(1902-1987)

मेरा हाथ गंदा है।
मुझे इसे काट देना चाहिए।
इसे धोना निरर्थक है।
पानी विषाक्त है।
साबुन अच्छा नहीं है।
यह झाग नहीं देगा।
हाथ गंदा है।
यह वर्षों से गंदा है।

मैं इसे अपनी पैंट की जेब में-
छुपाकर रखता था।
किसी को भी कोई संदेह नहीं हुआ।
लोग मेरे पास हाथ मिलाने आये,
मैं इंकार कर देता था।
छुपा हुआ हाथ मेरी जांघ पर-
अपनी छाप छोड़ देता था।
और मैंने देखा कि-
मैं उसका उपयोग करूं या न करूं,
वह वैसा का वैसा ही रहा।
मेरा विकर्षण भी वैसा ही था।

मेरे घर के भीतर
उस हाथ को मैंने
कई रातों तक धोया,
उसे घिस कर उस पर पॉलिश किया,
सपना देखा था कि वह
हीरे या क्रिस्टल में बदल जाएगा,
या अंत में-
एक सादा सफेद हाथ तो हो ही जाएगा।
आदमी का ऐसा स्वच्छ हाथ-
जिसे दूसरों के हाथों से मिलाया जा सके,
या उसे चूमा जा सके
या जब दो लोग अपने दोष स्वीकारें
तब बिना कुछ बोले
उसे ऊपर उठाया जा सके।
पर उस अशोध्य हाथ ने
आखिर अपनी गंदी उंगलियां खोल ही दी।
गंदगी बहुत घिनौनी और असह्य थी,
वह कीच या काजल नहीं,
या मजदूर की कमीज का पसीना नहीं,
वह एक दुर्भाग्यपूर्ण गंदगी है जो-
रोग और मानव-पीड़ा से पैदा हुई है।

वह गंदगी काली नहीं है,
कालापन निर्मल होता है।
वह मलिन है,
वह है भद्दी-भूरी गंदगी।
टेबल पर रखे हुए-

इस विकृत हाथ के साथ रहना असंभव है।
जल्दी से इसे काट फेंको
इसके टुकड़े-टुकड़े कर दो
और इसे सागर में बहा दो।
समय, आशा और इसकी जटिल कार्य-प्रणाली-
के साथ दूसरा हाथ आ जाएगा,
वह शुद्ध, पवित्र और कांच जैसा पारदर्शी होगा,
उसे मेरी भुजा में कसकर बाँध देना।

बंदर से कविता लिखवाना

जेम्स टैट

James Tate

(1943-2015)

बन्दर को कविता लिखना सिखाने में
उन्हें नहीं हुई ज्यादा परेशानी:
सबसे पहले उन्होंने उसे कुर्सी में-
बैठाकर बाँध दिया,
फिर उसके हाथ में पेन्सिल बाँध दी,
(कागज पहले ही तख्ती पर कस कर बाँध दिया था)
अब डॉ. ब्लुस्पायर बंदर के कंधे पर झुक गए,
और उसके कान में फुसफुसाने लगे:
"तुम यहां भगवान की तरह बैठे हुए लग रहे हो,
कुछ लिखने की कोशिश क्यों नहीं करते?"

जल्लाद

गुन्नर एकेलॉफ
Gunnar Ekelof
(1907-1968)

जल्लाद!

तुम क्या करोगे मेरी बांहों के साथ?

पहले एक को काट दो

फिर दूसरी को भी काट देना।

देख रही है मेरी आँखे तुम्हारी ओर,

तुमने किया है दुष्कर्म मेरे साथ

मैंने उसे याद नहीं रखा है-

मैंने सोचा कि विचित्र था वह सब।

अब तुम काटने वाले हो मेरे पैर,

पहले एक पैर काट दो

बाद में दूसरा भी।

तुम देख रहे हो कि जीवंत है मेरी आँखें।

तुम देख रहे हो कि जीवित है मेरी आँखें।

मेरी जांघो को जरा ऊपर से काटो-

तुम देखो कि अभी जीवित हैं मेरी आँखे।

अच्छा-

जल्लाद क्या कहना है तुम्हारा?

क्या इससे सचमुच मिलती है तुम्हें खुशी?

ओ अलाबामा के चाँद

बेर्टोल्ट ब्रेख्त
Bertolt Brecht
(1898-1956)

अरे, हमे दूसरे व्हिस्की - बार का रास्ता दिखा दो
अरे, मत पूछो क्यों, अरे मत पूछो क्यों
हमे दूसरा व्हिस्की - बार खोजना ही पड़ेगा,
क्योंकि यदि हमने दूसरा व्हिस्की - बार नहीं खोजा तो
मैं तुम्हे बताता हूँ - हमें मरना पड़ेगा!

मैं तुम्हे बताता हूँ हम मर जाएंगे।
ओ अलाबामा के चाँद,
अब हमे अलविदा कहना पड़ेगा
हमारी प्यारी बूढ़ी अम्मा अब नहीं रही,
और हमे व्हिस्की चाहिए।
ओह! तुम जानते हो किसलिए?

अरे, हमे दूसरी सुन्दर लड़की के पास जाने का रास्ता बता दो
अरे, मत पूछो क्या, अरे मत पूछो क्यों
हमें दूसरी सुन्दर लड़की खोजनी ही पड़ेगी
यदि हमने दूसरी सुन्दर लड़की नहीं खोजी तो,
मैं तुम्हें बताता हूँ हम मर जाएंगे!

मैं तुम्हें बताता हूँ हम मर जाएंगे!
ओ अलाबामा के चाँद,
अब हमे अलविदा कहना पड़ेगा

हमारी प्यारी बूढ़ी अम्मा अब नहीं रही
और हमारे पास लड़की होना जरूरी है
ओह, तुम जानते हो किसलिए।

अरे हमें दूसरे नन्हे डॉलर तक जाने का रास्ता दिखाओ
अरे मत पूछो क्यों, अरे मत पूछो क्यों
क्योंकि हमे दूसरा नन्हा डॉलर खोजना ही पड़ेगा,
क्योंकि यदि हम दूसरा नन्हा डॉलर नहीं खोज पाएंगे तो
मैं तुम्हे बताता हूँ कि हम मर जाएंगे!
ओ अलाबामा के चाँद,
अब हमे अलविदा कहना पड़ेगा
हमारी प्यारी बूढ़ी अम्मा अब नहीं रही
और हमारे पास डॉलर होने चाहिए
अरे तुम जानते हो किसलिए?

दो स्वामी

अर्नेस्ट हेमिंग्वे
Ernest Hemingway
(1899-1961)

बड़े-बड़े विचारों को विचारा है हमने,
मगर चले हैं हम छोटे रास्तों पर,
नाचे हैं हम शैतान की धुन पर
और कांपते हुए घर जाकर प्रार्थना की है,
दिन में एक और रात में दूसरे-
स्वामी की सेवा के लिए।

गुलाबों के बीच

जॉर्ज सेफेरिस
George Seferis
(1900-1971)

मैं पूरी सुबह लगातार धूम्रपान करता रहा,

यदि मैं बंद कर देता तो गुलाब मेरा आलिंगन कर लेते,

कांटो और गिरी हुई पंखुड़ियों से वे मेरा गला रोंध देते,

एक ही गुलाबी रंग में रंगे हुए, वे टेढ़े-मेढ़े होकर बढ़ते हैं,

उधर से किसी के गुजरने की आशा में, वे उसी तरफ देखते हैं:

लेकिन कोई भी उधर से गया नहीं था।

मेरे पाइप के धुंए के पीछे से उन्हें मैंने देखा था,

थके-हारे तने पर वे निर्गन्ध लटके हुए थे।

दूसरे जीवन में एक औरत ने मुझसे कहा था:

"तुम इस हाथ को छू सकते हो, और यह गुलाब तुम्हारा है,

यह तुम्हारा ही है, तुम इसे ले सकते हो

अभी तत्काल या बाद में, जब भी तुम चाहो।"

मैं अभी भी धूम्रपान करते हुए सीढ़ियों से नीचे उतर रहा हूँ,

गुलाब उत्साहित होकर मेरा पीछा कर रहे हैं,

उनके तौर-तरीकों में उस आवाज का कुछ अंश है,

जो क्रंदन के मूल में है वहां जहां से-

कोई चिल्लाता है: 'माँ' या 'मेरी सहायता करो'

या ये प्यारी नन्ही श्वेत चीखें हैं।

यह गुलाबों से भरा एक छोटा बगीचा है-

वे कुछ वर्ग गज मेरे साथ नीचे आ गए हैं,

मैं आकाशविहीन मार्ग से सीढ़ियां उतर कर नीचे पहुँचता हूँ:
उसकी चाची उससे कहती है: "एंटीजोन! तुम आज-
व्यायाम करना भूल गयी हो,
जब मैं तुम्हारी उम्र की थी तब और मेरे अपने जमाने में-
मैंने कोरसेट्स कभी नहीं पहने।"
उसकी चाची दयनीय जीव थी:
"ढीली शिराएं, कानों के चारों ओर झुर्रियां,
नाक बिलकुल मरणासन्न;"
किन्तु उसके शब्द सावधानी से भरे हुए होते थे।
एक दिन मैंने उसे एंटीजोन के उरोज छूते देखा
मुझे ऐसा लगा जैसे कोई बच्चा सेब चुरा रहा हो!
जैसे-जैसे मैं नीचे उतरता जा रहा हूँ-
संभव है उस वृद्धा से मैं मिल सकूंगा।
जैसे ही मैं लौटने लगा वह बोली:
"कौन बता सकता है कि हम वापस मिल पाएंगे?"
बाद में, अखबारों से उसकी मृत्यु तथा
एंटीजोन और उसकी बेटी के विवाह की खबर मिली,
न तो सीढ़ियां समाप्त हो रही थीं और न ही मेरी तंबाखू,
वह मेरे ओंठो पर उस 'हॉन्टेड शिप' का स्वाद छोड़ गई-
जिसमें एक मरमेड को पहिये के क्रॉस पर
तब चढ़ा दिया गया जबकि वह बहुत सुन्दर थी।

समुराई गीत

रॉबर्ट पिंस्की

Robert Pinsky

(जन्म: 1940)

जब रहने के लिए मेरे पास छत नहीं थी
तब दुस्साहस मेरी छत थी। जब मेरे पास-
रात का भोजन नहीं था तब मेरी आंखों ने खाना खाया।

जब मेरे पास आंखें नहीं थी, तब मैंने सुना।
जब मेरे पास कान नहीं थे तब मैंने विचार किया।
जब मेरे पास विचार नहीं थे तब मैंने परीक्षा की।

जब मेरे पास पिता नहीं थे तब मैंने-
सरोकार को पिता बनाया। जब मेरे पास-
माता नहीं थी तब मैंने व्यवस्था को गले लगाया।

जब मेरे पास मित्र नहीं था तब मैंने मौन को-
मित्र माना। जब मेरे पास शत्रु नहीं था तब-
मैं अपने शरीर से लड़ा।

जब मेरे पास मंदिर नहीं था तब मैंने अपनी
वाणी को मंदिर बनाया। जब मेरे पास पुजारी-
नहीं था तब मेरी जीभ ने आरती गाई।

जब मेरे पास साधन नहीं थे तब मैंने अपने
भाग्य को साधन माना। जब मेरे पास कुछ
नहीं था मतब मैंने मृत्यु को भाग्य कहा।

जब मेरे पास प्रेमी नहीं था तब मैंने
नींद से प्यार किया। जब आवश्यकता मेरी-
नहीं था तब अल्पकालिक युक्ति थी, तब विरक्ति दीर्घकालीन रणनीति।

मेरी भाषा की खोज

सुजाता भट्ट
Sujata Bhatt
(जन्म: 1956)

तुम पूछते हो कि-
"क्या खो चुकी हूँ मैं अपनी भाषा"?
क्या मतलब है इसका?
पूछती हूँ मैं तुमसे कि तुम्हारे मुंह में
यदि होती दो जीभ तो-
क्या करते तुम उनका?
यदि खो देते तुम अपनी मातृभाषा
और जानते ही नहीं विदेशी भाषा
तो कर पाते क्या दोनों का उपयोग एक-साथ?
यदि रहते तुम ऐसी जगह-
जहां नहीं चल पता तुम्हारा काम-
विदेशी भाषा बोले बिना,
तो हो जाती बेकार वहां तुम्हारी भाषा।
जब तक उसे तुम थूक नहीं देते,
वह मर जाती तुम्हारे ही मुंह में।
मैं सोचती हूँ मैंने उसे थूक दिया है बाहर,
पर रात में जब देखती हूँ स्वप्न
तब फूट जाती है वह अंकुर की तरह।
वह बढ़ती है, नम होती है और-
होती है सुदृढ़ उसकी शिराएं,
बांध देती है गांठों में वह दूसरी भाषा को,

फिर खिलती है कली-

मेरे मुंह में खिलती है कली,

और वह धकिया देती दूर दूसरी भाषा को,

सोचती हूँ हर बार कि मैं भूल गई हूँ

खो दी है मैंने मेरी ही भाषा,

तब खिलती है वह मेरे मुंह में फूल की तरह।

सोचने की कोशिश करती हूँ मैं-

अंग्रेजी में दिनोदिन,

देखती हूँ मैं ऊपर उठाकर गर्दन

लगता है, रखा हुआ है कुछ चोंच में कौए की।

जब देखती हूँ ऊपर और सोचती हूँ मैं,

याद आते है तब सूरज और आकाश

बताओ मत मुझे कि एक हैं ये दोनों,

जानती हूँ मैं तुमसे भी ज्यादा।

आकाश को देखने का मतलब है - सोचना।

बर्फ - वाही काले बादलों के वेग पर-

गिरती है 'थैंक्स गिर्विंग' पर सबसे पहले बर्फ,

मगर सोचना है यह

क्या है इस कथन के मायने कि-

"उड़ते है सिर पर बड़े काले कौए"

कौओं के ऊपर स्वच्छ आकाश में-

सूरज के सतत तपने का अर्थ है सूखे का आक्रमण,

चावल और गेहूँ, रोटी और हरियाली का अकाल।

कौए और केवल काले कौए और फिर-

जून की नम हवा,

कनेक्टिकट का भीषण तूफानी आकाश

होता नहीं कभी भी मानसूनी आकाश।

बरसता है पानी यहां पूरी-पूरी रात
और पूरा-पूरा दिन,
बिजली भी हो जाती है गुल,
घी में भींगी हुई रुई की पोनी-
या पात्र में पीतल के जलाते है हम मोमबत्ती।
चौके में मेरी माँ गुनगुनाती है रवीन्द्र संगीत
(मोन मेरे मेघेर शंगे उड़े चोले दिग्दिन्तर पाने...)
पर मैं सुन नहीं पाती मेरी माँ को,
अंग्रेजी में बोलते और गाते।

बड़े झूठ का चित्रण

लाइज़ेल म्युलर
Lisel Mueller
(जन्म: 1924)

चिकना और छलने के लिए छोटा,
ताकि लोग उसे निगल सकें-
वैसे ही जैसे हम निगलते हैं
दवाइयां सर्दी-जुकाम की।
एक लम्बा कैप्सूल,
एक सुन्दर शंकु
मीठा और चमकदार,
जीभ को कड़वा नहीं लगता
उतर जाता है आसानी से गले में।
भीतर के विष की करतूत कौन जाने?

मूक पीढ़ी

लुइस सिम्पसन
Louis Simpson
(1923-2012)

जब एक दानव था हिटलर,
किया था उसने वही
जैसा कि की थी प्रतिज्ञा,
किया था उलटफेर बड़ी तेजी से-
बना दिया था नर्क जर्मनी को।
कहते है जर्मनी के लोग
"अच्छा होता कि वह पैदा ही नहीं होता।"

वह तो मेरी पीढ़ी थी
जिसने पूरे जोश से-
दबाया था उस दानव को,
हमारा वह काम अब
रह गया है अधूरा।

हो रही है बर्बाद शिक्षा
गिनती के कुछ शहरों में,
मर चुका है हमारा उत्साह
हो गया है रहस्यमय जीवन
बन गया है महज एक खेल,
की थी जिसकी चर्चा एक विदुषी ने कि

“न तो है यह कोई कथानक
और न ही किसी मार्ग का मानचित्र।”
सच ही कहा था उसने कि:
“यह तो है निरा इतिहास।”

ढाका की मलमल

आगा शाहिद अली
Agha Shahid Ali
(1949-2001)

वे पारदर्शी ढाका की साड़ियाँ
जिन्हें बुनी हुई हवा, बहता पानी और
सांध्यकाल की ओस कहा जाता था
अब वह एक मृत कला है-
करीब सौ साल से।
मेरी दादी कहती है
"अब उसे कोई नहीं जानता",
उस कपड़े को छूने और पहनने का एहसास-
कुछ अलग ही होता था,
उसने पहने था उसे बस एक बार।
पैतृक हथकरघे से बनी वह साड़ी
मिली थी उनकी मां को दहेज में,
प्रमाणिकता उसकी सिद्ध होती थी तब
जब पूरे छः गज की साड़ी-
निकल जाती थी एक अँगूठी में से।
बरसों बाद जब वह फट गयी
तब सुनहरे धागों की घुमावदार कसीदाकारी करके
उसके बनाये गए थे कई रुमाल और
बांट दिए गए थे उन्हें बहुओं और भतीजियों में,
वह परंपरा भी अब नहीं रही।
हमने पढ़ा है इतिहास में कि

काट दिए गए थे हाथ बुनकरों के
बंद कर दिए गए थे मुंह बंगाल के हथकरघों के,
और भरकर जलयानों में कपास,
भेज दिया थे अंग्रेजों ने इंग्लैंड में।
किसी काम का नहीं था इतिहास-
मेरी दादी के लिए,
पर वह इतना कहती थी जरूर कि
आजकल की मलमल,
होती है -बहुत खुरदुरी और मोटी।
बड़े सवेरे जागकर पतझर में करने से प्रार्थना,
फिर हो सकती है अनुभूति उस
पुराने पोत और बनावट की।
उसने कहा कि एक दिन सुबह-
ओस के स्टार्च से रंजी हुई थी हवा,
तभी निरवधान उसने अंगूठी में से-
उसे निकाल लिया था।

कविता है धन एक तरह का

कै रायन

Kay Ryan

(जन्म: 1945)

कविता धन है एक तरह का,

निर्भर करता है इसका मूल्य-

उसकी सुरक्षित मात्रा पर।

यह नहीं है वह कागज

लिखी गयी है जिस पर इसकी कीमत

नहीं है यह उसके द्वारा घोषित अंकों के बराबर।

संरक्षण करता है इसके मूल्य का-

धरती से निकला और

छुपाकर रखा गया सोना-चाँदी।

कोई नहीं जानता-

होता है यह कैसे?

और हो सकता है कैसे?

फिर भी रखा जाता है यह धन छुपाकर किसी बैंक

या किसी कृपण की तिजोरी में

जो 'रोबोट मालिक' के लिए शान-शौकत

और तृप्ति का बनता है कारण।

आश्वस्त करता है यह लेन-देन उतना ही

जितना कि मैंडलस्टैम[1] द्वारा

उचारा गया शब्द 'प्यार'

चाहे यह उसकी मूल भाषा का अनुवाद ही क्यों न हो?

❧

---

1. पोलैंडवासी रुसी मूल के अमेरिकी कवि

लगाम लगाओ

वोशिमासु गोजो
Voshimasu Gozo
(जन्म: 1939)

प्राचीन देश में
घूमते हुए नदी के किनारे,
गुजरी मेरे पास से ऊँचे कद की एक महिला
दिखाई दे रही थी वह देवी 'कुडारा' के समान।
क्या रंग काला था उस औरत का?
कहा नहीं जा सकता कुछ भी।
'शोगुनों'[1] के जमाने से ही जापान-
दिखाई देता है एक छोटी नाव जैसा।
घूमते हुए नदी के किनारे-
याद आया मुझे एक पुराना मुहावरा कि:
"संख्या बढ़ाने के दोषी है, दर्पण और यौन",
मौत का जलयान और
यौन उत्तेजना का वाहक-
'कामदेव' निस्संदेह सर्वव्यापी है।

❧

---

1. शोगुन: सामंतकालीन जापान में आनुवंशिक 'कमांडर-इन-चीफ '

आँख मूंदकर रहो

ट्रम्बुल स्टिकनी
Trumbull Stickney
(1874-1904)

हर घंटे रहो मूंद कर आँखे,
ईश्वर जो भविष्य था मर चुका है
पूरी तरह बहुत पहले ही।
वो ज्ञान जो अतीत है, मूर्खता है,
निरीह बच्चे जाओ, मत करो घृणा-
तुम अपने आप से।
हो चुका है सूर्योदय तुम्हारी धरती पर,
चल रही है हवाएं और घूम रहे हैं ग्रह,
निकाल ली है अपनी तलवार उल्का ने
तोड़ दी है इंद्रधनुष ने अपनी सतरंगी प्रत्यंचा
और बह रही है लम्बी रजत-सरिताएं,
जागो और कर दो स्वयं को
इन सुन्दर दृश्यों के हवाले।
करते हुए रसपान इन रम्य पलों का-
पकड़ो उड़ान भरते सपनों के-
लहराते सुनहरे बालों को।
हो तुम तेजस्वी और दिव्य-
उस अपोलो की तरह,
जो दौड़ पड़ा था निर्वस्त्र
निर्मल प्रकाश की ओर,
यह देखते-देखते उसका समूचा द्वीप-
चहक उठा था पुष्पों की खिलखिलाहट से।

सौंदर्य गामिनी

जॉर्ज गार्डन लार्ड बायरन
George G. Lord Byron
(1788-1824)

मेघ विहीन आकाश में
सितारों से जगमग रात की तरह
वह निकल रही है सजधज कर,
अँधेरे और उजाले का सर्वश्रेष्ठ-
दमक रहा है उसकी आँखों और हावभाव में,
होकर परिपक्व वह
बदल गया है मंदिर लुनाई में
जो दुर्लभ होता है देखना भड़कीले दिनों में।

उसी असीम गरिमा को धुंधला दिया है-
थोड़ी छाया और थोड़े प्रकाश ने,
लहराती श्याम-कांत लटें
मृदुल हो कर लेट रही है उसके सुमुख पर,
होते है प्रकट जहां नीरव मधुर विचार।
कितना प्यारा और पवित्र है यह आश्रय,
विराजती है सौंदर्यवती के कपोल और भृकुटि पर
शीतल और मोहक मुस्कान,
बिखर रही है संयत और मनोहरी आभा
उकेर रही है स्मृति बीते भले दिनों की,
सुस्थिर है उसका मन-मस्तिष्क
स्नेहिल और निष्कपट है उसका हृदय।

आधुनिक कविता

वालेस स्टीवंस
Wallace Stevens
(1879-1955)

"पर्याप्त क्या होगा?"
क्या निहित है इस प्रश्न के उतर की प्रक्रिया में
मानस की कविता?
आवश्यकता नहीं है उसे हमेशा खोजते रहने की
तैयार था दृश्य, करती है वह
उस मजमून की आवृति केवल-
जो उपस्थित था आलेख में।

बदल गया फिर रंगमंच
अन्य चीजों के लिए,
एक स्मारिका था उसका अतीत।
रहना पड़ेगा उसे जीवंत
सीखने के लिए स्थानीय भाषा और बोली,
करना पड़ेगा उसे सामना समय के पुरुषों का
और मिलना होगा समय की महिलाओं से,
सोचना पड़ेगा उसे युद्ध के बारे में और
जानना होगा कि पर्याप्त क्या होगा?
करना पड़ेगा उसे नई स्टेज का निर्माण।
रहकर उसे स्टेज पर-
एक अतोषणीय अभिनेता की तरह,
धीरे-धीरे और ध्यानावस्थित होकर
कहना पड़ेंगे कान में

मानस के कोमल कान में,
ठीक वही शब्द जो कि वह चाहता है सुनना,
और सुन सके अदृश्य श्रोता जिनकी ध्वनि।
नाटक को नहीं, केवल उन शब्दों को ही
हो जिनकी अभिव्यक्ति दो व्यक्तियों के संवेग में
मानो हो गए हों एक वे दोनों संवेग।
है आधिभौतिक वैज्ञानिक
अंधेरे में बैठा अभिनेता
जो दे रहा है संकेत
छेड़कर हलके से किसी वाद्य को,
बजाकर किसी तार को
निकल रहा है ऐसी ध्वनियां
जो गुजर रही हैं एकदम सच्चाइयों से
और समाया हुआ है जिनमें
पूरा का पूरा मानस,
न तो जिससे उतर सकती है वह नीचे
और न ही उठना चाहती है ऊपर।
सिद्धि यह अवश्य ही होना चाहिए संतोष की,
हो सकता है यह उस स्केटिंग कर रहे आदमी,
बाल संवारती औरत या नृत्य करती हुई-
युवती का परम संतोष।
यही तो है, मानस की क्रियाशीलता की कविता।

उत्तर

बै डाओ
Bei Dao
(जन्म: 1945)

'बैस' शब्द का पासवर्ड है 'डिबेसमेंट'
उद्दात्त शब्द का स्मारक है 'उदात्तता'
देखो, किस तरह स्वर्णिम आकाश-
आवृत है टेढ़ी-मेढ़ी और सरकती छायाओं से।

बीत चुका है अब हिमयुग
फिर पड़ी हुई क्यों है बर्फ हर जगह?
हो चुकी है खोज 'कैंप ऑफ़ गुड होप' की
फिर क्यों दौड़ रही है
मृत सागर में हजारों नौकाएं?

आया था मैं इस संसार में
लेकर कागज, रस्सी और छाया,
उठाने वह आवाज निर्णय से पहले-
जिस पर किया जा चुका था न्याय बहुत पहले

बताना चाहता हूँ मैं ऐ संसारियों तुम्हें-
की भरोसा नहीं है मुझे!
चुनौतियां है हजारों यदि पैरों तले तुम्हारे
तो गिन लो मुझे एक हजार एक वीं।

नहीं करता मैं विश्वास कि नीला है आकाश,
नहीं करता मैं भरोसा गर्जना की अनुगूंज में,

नहीं मानता मैं कि झूठे होते है स्वप्न
नहीं करता मैं स्वीकार कि
मृत्यु में होता नहीं प्रतिशोध।

नियति है यदि समुद्र की
पैदा करना दरार डाइकों में,
तो डंडेल लेने दो पूरा खारा पानी
मेरे हृदय के प्रकोष्ठ में,
रह नहीं सकती यदि भूमि ऊपर उठे बिना-
तो चुन लेना चाहिए हमें एक शिखर
मानवता के पुनर्वास के लिए।

कर रहे हैं अलंकृत स्वच्छ आकाश को,
एक नया साहचर्य और दमकते तारे
पिक्टोग्राफ हैं ये पांच हजार साल पुराने,
ये आंखें है भावी सावधान पीढ़ियों की।

उठो, खड़े हो जाओ

बॉब मार्ले
Bob Marley
(1945-1981)

उठो, खड़े हो जाओ,
खड़े हो जाओ अपने अधिकारों के लिए।
उठो खड़े हो जाओ,
मुँह मत मोड़ो संघर्ष से

जीवन एक बड़ा मार्ग है-
जिस पर लगे हुए है अनेक संकेत।
इसीलिए जब चलते जा रहे हो तुम लीक पर
मत आने दो जटिलता अपने मन और मस्तिष्क में-
घृणा, ईर्ष्या और उद्दंता छोड़कर आगे बढ़ो।
मत करो दफ़न अपने विचारों को,
यथार्थ पर केंद्रित रखो दृष्टि।
जागो और जियो!

मैं खड़ी हूँ अश्वेत के पक्ष में,
श्वेत की तरफदारी भी नहीं करती हूँ।
खड़ी हूँ मैं तो केवल परमात्मा के पक्ष में।

मुक्त करो स्वयं को मानसिक दासता से,
हमारे अलावा अन्य कोई भी-
नहीं दे सकता स्वायत्तता हमारे मानस को।
होते कौन हो तुम

मूल्यांकन करने वाले जीवन का?
मैं जानती हूँ कि मैं पूर्ण नहीं हूँ-
और जीती भी नहीं हूँ पूर्ण बनने के लिए।
लेकिन मेरी और उंगली उठाने से पहले,
तुम अच्छी तरह देख लो कि-
तुम्हारे अपने हाथ कितने स्वच्छ है?

हाव-भाव

जॉर्ज ओपन
George Oppen
(1908-1984)

प्रश्न यह है कि सेवफल को-
पकड़ा कैसे जाना चाहिए?
सेव पसंद कौन करता है,
और अस्वच्छता का निस्तार कैसे होना चाहिए?
प्रश्न यह भी है कि किसी इच्छित बात को-
कोई अपने दिमाग में रखता कैसे है?
बेचे जाने वाले खिलौने को सेल्समैन-
अपने हाथ में पकड़ता कैसे है?
प्रश्न यह है कि कब ऐसे सौ कवि नहीं होंगे-
जो उस हाव-भाव की शैली समझने की
गलती नहीं करेंगे।

कल्पना के लिए संग्राम

डायेन डी प्रीमा
Diane Di Prima
(जन्म: 1934)

महत्वपूर्ण है एक ही संग्राम
जो लड़ा जाता है कल्पना के लिए,
समाहित है इसमें बाकी सभी लड़ाइयां।
पीछे हटा नहीं जा सकता-
जैसे आध्यात्मिक संग्राम से,
बचा नहीं जा सकता वैसे ही
किसी का पक्षकार होने से,
संभव ही नहीं कि हम विमुख हो जाएं काव्यशास्त्र से-
चाहे फिर हम: प्लंबर, बैंकर या टीचर ही क्यों न हो।
दुनिया को बनाने या बिगाड़ने की चेतना से ही
हम करते हैं सारे काम,
काव्यशास्त्र है हमारे पास:
पैर रखते हैं हम संसार में बने-बनाए सूट की तरह
या उजाले में रखते हैं बिलकुल सधे हुए कदम।
सिमट जाता है हमारा आकाश
हमारे कमरे के आकार में
वैसे ही जैसे धर लेती है रूप हमारी कविता-
हमारे शरीर या प्रेमियों का।
अन्योक्ति है महिला या पुरुष का जीवन
करके उसका उत्खनन लाओ उसे ऊपर,

छुटकारा नहीं है आध्यात्मिक संग्राम से
संग्राम है यह संग्राम कल्पना के विरुद्ध,
नहीं दे सकते आप सहमति-
एक विवेकवान आपत्तिकार बनकर।
एक अवशेष की तरह अभी भी
सुलग रहा है विश्व युद्ध,
बनाए रखने के लिए दुनिया को-
आत्मा के निर्माण की घाटी,
संग्राम है यह बचाने के लिए संसार को।
आता है स्वाद हमारे मुंहों में-
हमारी ही सत्ता का, और
है यह कडुआ एकदम मौत की तरह।
आओ तुम घर पर
स्वयं को स्वयं के साथ लेकर
प्रवेश करो उद्यान में,
खड़ा है प्रवेश द्वार पर-
विश्व-युद्ध की शक्ल का आदमी।
तुम स्वयं प्रज्ज्वलित तलवार हो,
संग्राम, मानव कल्पना के लिए है संग्राम
लड़ नहीं सकता कोई तुम्हारे सिवा
हां लड़ नहीं सकता कोई और तुम्हारे लिए।
केवल पवित्र नहीं है कल्पना
यह परिमित भी है,
केवल भयानक नहीं है
यह व्यावहारिक भी है।
आभार में इसके मर रहे है लोग रोजाना

सचमुच ही यह है भव्य और विराट।
मेधा का अर्थ है 'मानस का प्रकाश'
यह न तो संवाद है, न ही कोई भाषा
यह आंतरिक सूर्य है,
सूरज के आस पास बसी हैं बस्तियां
बस आग ही है केन्द्रस्थ।

उसने जो सोचा वही कविता थी

हेदर मकहयू
Heather Mchugh
(जन्म: 1948)

एक जिम्मेदारी लेकर गए थे हम इटली
इस स्वाभिमान से भरे हुए कि
हम कवि हैं अमेरिका के
रोम से फ़ैनो शहर पहुँचे,
मिले वहां के मेयर से
किया कुछ मुद्दों-मसलों पर विमर्श।
सुनकर अमेरिका की भाषा-
काफी चकित हुए इटली के साहित्यकार,
पूछने लगे, मायने क्या है
'फ्लेट ड्रिंक' और रहस्यमय 'चीप डेट' के?
हमारी व्याख्या रहस्य को कम नहीं कर सकी,
इटली के लेखकों में हमारे जैसे कामुक और उद्दंड,
वाचाल, क्षमाप्रार्थी और अहंकारी-
विद्वानों को हम पहचान गए।
वहां हल्के रंग का सूट पहने हुए
एक अधिकारी भी उपस्थित था,
एक अच्छे यात्रा गाइड की तरह उसकी आवाज-
नपी-तुली और सीधी-सादी थी,
उसने कुछ दार्शिनक स्थानों और
इतिहास की जानकारी दी,
किराए की कार हमें छोड़कर आगे बढ़ गई।
हमें लगा कि वह सर्वाधिक राजनीतिक
और न्यूनतम काव्य प्रेमी था।

रोम में बिताए उन दिनों में
मुझे एक कविता की पुस्तक मिली,
अपने पास नहीं रखने जैसी इस पुस्तक में लिखा था
"होटल के इस कमरे में यह पुस्तक-
पहले ठहरा हुआ कोई जर्मन यात्री भूल गया है"
पुस्तक में उसका उल्लेख और
पिछले महीने की तारीख अंकित थी,
मैं जर्मन या इटालियन भाषा नहीं पढ़ सकता था
इसीलिए, उसे मैंने वापिस अलमारी में रख दिया।
हम आखिरी अमेरिकन अगले दिन वहां से रवाना होने वाले थे,
हमारी विदाई की शाम के लिए-
मेजबान हमें ले गए एक फैमली रेस्त्रां में,
वहां हम बैठे, बातचीत की और खाया पिया।
तब हमें लगा कि कवि होने का यह अच्छा मौका है,
हमें अपना प्रभाव यहां छोड़ना चाहिए
हम में से किसी ने पूछा- "कविता क्या है?
क्या यह फल और सब्जियां हैं?
क्या 'कंपो डी फियोरी' का एक बाजार है या
वहां की कोई प्रतिमा?"
चूंकि मैं थोड़ा वाचाल था,
मैंने तत्काल उत्तर खोज लिया,
मुझे सोचने-विचारने की आवश्यकता नहीं पड़ी,
"सत्य दोनों है, वे दोनों है" मैंने कहा,
लेकिन कहना सरल था, सबसे सरल।
जो कुछ बाद में हुआ उससे-
कठिनाई के बारे में मुझे शिक्षा मिली,
हमारे मेजबान को हमने हल्का आँका था,
वह आवेश में आकर एक दम बोल पड़ा,
"वह प्रतिमा उस जर्दानो ब्रूनो की है,

जिसे चर्च की सत्ता को चुनौती देने के जुर्म में
चौक में खुलेआम जलाने के लिए लाया गया था।"
उसका अपराध यह विश्वास था कि:
ब्रह्मांड मनुष्य के आस-पास नहीं घूमता,
ईश्वर कोई निर्धारित बिंदु या केंद्रीय सत्ता नहीं है,
वह अलबत्ता लहरों के रूप में
सभी चीजों में समाया हुआ है
सभी चीज़ें चलायमान हैं।
यदि ईश्वर स्वयं आत्मा नहीं है
तो वह विश्व की आत्मा का आत्मा है,
यह ब्रूनो का भिन्न और सुदृढ़ विश्वास था।
जिस दिन उसे लाया गया जलाने के लिए
तब मारने वाले डर रहे थे कि कहीं उसके कहने से-
भीड़ भड़क न उठे (वह अपनी वक्तृता के लिए विख्यात था)।
इसीलिए, उसे बंदी बनाने वाले विरोधियों ने
उसके चेहरे पर लोहे का एक मुखौटा लगा दिया,
ताकि वह भीड़ को सम्बोधित नहीं कर सके।
आखिर, उन्होंने उसे जला दिया।
एक भी शब्द बोलने का मौका दिए बिना
वह सबके सामने मार दिया गया।
और, कविता
(काले कपड़े पहने हुए उस आदमी को सुनने के लिए,
हमने अपने फोर्क प्लेट में दाल दिए;
वह चुपचाप चला गया।)
उसने जो सोचा लेकिन कहा नहीं,
बस, वही 'कविता' थी।

 समय के हृदय की धड़कन

आग और बर्फ

रॉबर्ट फ्रॉस्ट
Robert Frost
(1874-1963)

कुछ लोग कहते है
संसार नष्ट होगा-
आग में जलकर,
दूसरे कहते है
बर्फ में जमकर।

जितना स्वाद लिया है
'इच्छा' का मैंने,
उस आधार पर-
मैं साथ हूँ उन लोगों के
जो पक्ष लेते हैं आग का।
लेकिन, यदि नष्ट होना है
दुनिया को दो बार
तो सोचता हूँ-
'घृणा' को ज्यादा जानने के कारण-
मैं कहूँगा कि
कमतर नहीं है बर्फ भी,
वह काफी होगी
नाश करने के लिए दुनिया का।

दूर

रॉबर्ट फ्रॉस्ट
Robert Frost
(1874-1963)

इस दुनिया के मरुस्थल से
अब मैं निकल रहा हूँ बाहर,
मेरे जूते और मोजे
कोई चोट नहीं पहुँचा रहे हैं मुझे।
मैं शहर में अपने पीछे
अच्छे दोस्त छोड़ रहा हूँ,
उन्हें अच्छी तरह से मदिरा-पान करके
विश्राम करने दो।
मत सोचो की मैं उतावला हूँ
आदम और हव्वा की तरह-
पार्क से निकलकर बाहर जाने के लिए,
बाहर अंधेरे में।
भूल जाओ उस मिथक को।
न तो मैं किसी के साथ के लिए
न कोई और मेरे लिए
कर रहा है बाहर प्रतीक्षा।
जब तक मुझसे कोई गलती नहीं होती
मैं 'गीत' की पुकार का
अनुसरण करते हुए:
प्रतिबद्ध हूँ सुदूर जाने के लिए।

मर कर जो कुछ सीखा है
उससे यदि असंतुष्ट रहा तो
आ भी सकता हूँ।
मैं लौटकर वापस।

कामुक दार्शनिक

कैरोलिन काइज़र
Carolyn Kizer
(1925-2014)

वसंत की सुहानी सुबह
खिड़की से आती हुई धूप में,
लेते हुए कॉफी की चुस्की
पढ़ रही थी मैं ऑगस्टाइन।
पहली बार पढ़ा था जब उन्हें स्कूल में
तभी से लगते थे वे नित नवीन।
पढ़ते हुए इन दार्शनिकों को
पाई थी उनमें जो तुच्छता
उसे कर दिया था अस्वीकार
हम लड़कियों ने।
उनकी नजर में थी लड़कियां
घृणित और घृणित रूप से मोहक,
यौन परक उदात्त संवादों में स्त्रियों की भागीदारी
मानते थे वे अवांछनीय।
आहत होकर भी उनके इस रवैये से
हमने उन्हें नहीं होने दिया भान हमारी नाराजी का,
चिढ़ाने के लिए अपने शर्मीले प्रोफेसरों को
पहनती रही हम कसे तंग स्वेटर।

दहकती वासना और धधकते यौवन के मेघ
जैसे ही उमड़ने-घुमड़ने लगते देह के आकाश पर,
बरबस हम जा बैठती पतझर की धूप में,

भूलती नहीं थी हम उस समय ऑगस्टाइन को धन्यवाद देना।

अतृप्त दिखने के प्रयास में प्रदीप्त होने लगती थी-

हमारे कपोलों पर रक्तिम आभा

तब भूल जाती थी हम भागना कक्षा से बाहर।

उस पंकिल वासना के कटीले वन-गुलाबों को

बुहार कर हटा देती थी इधर-उधर,

नारी-द्वेष के दलदल से उबरने के लिए

करती रहीं तब तक संघर्ष

जब तक कि हम पहुँच नहीं गयी किर्केगार्द तक।

हम समझ गयी थी कि संत 'आ' और सोरेन में

बहुत कुछ है समानता,

इसमें सम्मिलित था औरतों के सामने

उनका भयभीत होना और काँपना,

संत भयभीत था स्वयं से और सोरेन डरा हुआ था हमसे

उनके दास्य-भाव को देखकर हम बेचारी लड़कियाँ

हो रही थी फूल कर कुप्पा।

हाँ वे ठुकराई गई मादाएं हम ही थीं,

जिससे उपजता था प्रलोभन-

वह भी हमारी मसृण मांसलता

जो अपनी मादक मधुरता से उन्हें-

आगे बढ़ने के लिए उकसाती थी

'मौज-मजे में तीव्रता से डूबी हुई हम'

संजोकर कैसे नहीं रख पायी ऑगस्टाइन को?

कवियों का स्वांग करने के लिए कमरे में ठसे, किशोर,

शमित और चकित होकर संगीत से

हतबुद्धि हो हमने कर दिया उपेक्षित उसके अर्थ को,

गीतों की लयपूर्णता से सम्मोहित हम-

फुसलाकर कर दी गईं पथ भ्रष्ट।

करती रही कोशिश हम में से कुछ

बनी रहने के लिए प्रशिक्षित आत्माएं और पवित्र जिज्ञासु,

संतों की तार्किकता के जाल में फंसकर,

अपने कार्यों के प्रति उत्तरदायी होते हुए भी

हो गईं हम बेहद असहाय और निरुपाय।

काश भोंक पाती भगवान के सामने कुत्ते की तरह

कोई समझदार लड़की!

हम विद्यार्थी जो उम्र में अभी भी छोटे हैं,

यह जानकर भौंचक्के थे कि वे बच्चे

जिनके लिए ये लोग ललचाते थे

उम्र में हमसे भी बहुत छोटे थे।

ऑगस्टाइन को भाती थी वह लड़की जो-

मुश्किल से हुई होगी ग्यारह साल की,

लगभग ऑगस्टाइन के पुत्र एडियोडेट्स के बराबर।

पो की तरह सोरेन भी उस लड़की पर डोरे डालता था।

जो सोलह की नहीं थी उस समय,

वह ऐसी बच्ची को बनाता था अपना शिकार

जो होती थी मासूम और वर्द्धनशील अवस्था की,

जिसमें सोरेन को समझने और झेलने की क्षमता भी नहीं थी।

वाह री 'पिग्मेलियन' प्रवृति!

मिटटी को मोड़ दो और बना लो अपनी वशवर्तनी,

और बिलखाते रहो उसे कभी भी ठुकराने के भय से,

छोड़ दी मैंने तभी 'दर्शन की पढ़ाई

यद्यपि वह एक छोटी हानि थी, पर वही मेरा 'मेजर' भी था।

हम थे भोले-भाले और हंसमुख छात्रों का समूह
नहीं जानते थे हम बुराई का मतलब,
अब मैं अच्छी तरह प्रशिक्षित हूँ बुराई से निपटने में
चाहे वह भौतिक या आध्यात्मिक त्रुटि हो-
या फिर चौके के ताले बदलने जैसा सरल कार्य।
वह नियत समय और चुने हुए स्थानों पर करता है प्रार्थना
(भोजन के समय चर्च में)
जबकि मैं कैसे और कहां का विचार किए बिना ही
कर लेता हूँ प्रार्थना धीमी आवाज में दिन में कई बार।
मानों मैं निम्न ताप के ज्वर से पीड़ित हूँ
मेरा यौनावेश ढल चुका है बहुतांश में
लगता है अब मैं कभी भी उन्मुख नहीं हो सकूंगा उस ओर।
अपरान्ह में बैठकर यहां पी रहा हूँ मदिरा
और पढ़ रह हूँ किर्केगार्द को जो कहता है:
"हर पाप का आरम्भ भय से होता है"
(यह सत्य है क्योंकि हम पहले झूठ
माता पिता के डर से ही बोलते हैं।)
ऑगस्टाइन का नाम लेते हुए-
सोरेन ने कहा कि कामुकता को नकारने से ही
सारी दुनिया का ध्यान उस की ओर आकर्षित हुआ है।
फिर ऐंद्रियता पर से इंद्रधनुषी परदा उठ गया
ईसाईयों को इंकार करने से पहले यह स्वीकारना पड़ेगा।
उसने बताया किस भयानकता से उसके पिता ने
उसकी यौनेच्छा का दमन किया था
जिससे आ गयी थी उसमे विकृति
फिर भी वह पितृ सत्ता का सम्मान करने के लिए विवश था,
जब वह रेजिना से अलग हुआ तब
पिता की शरण में ही गया था।

सोरेन के भग्न रोमांस के पुनर्मंचन 'दोषी या निर्दोष' में
कहता है वह कि लौकिक प्रेम से सम्बन्ध तोड़ लिया है,
अब वह परमात्मा से प्रेम को प्रश्रय देगा।
ऑगस्टाइन ने इससे भी बेहतर बात कही कि
यद्यपि 'मानव-प्रेम' में त्रुटि संभव है,
फिर भी यही है परमात्मा से प्रेम करने का मार्ग
इसे अस्वीकार करने का आशय है "अलग-थलग पड़कर
धूल में श्वास लेना या आँखों में धूल डालना।"
हम महिलाएं बाहर धूल में श्वास लेती हुईं,
अभी भी 'अन्य' हैं।
साँझ का सूरज अस्त हो गया है,
डिनर का समय को रहा है।
"हम जानते है कि महिलाओं में कोई बड़ा दार्शनिक नहीं है।"
पुरुषों की दर्शन में रूचि है और
हम 'संत' के ये शब्द दोहराते है:
"मेरे कक्ष में प्रवेश करके
मुझे प्रेम के गीत गाने दो।"

पेड़ जैसी कविता

जॉइस किल्मर
Joyce Kilmer
(1886-1918)

लगता है मुझे
कभी देख नहीं पाऊँगा मैं
पेड़ जैसी प्यारी कविता।
वह वृक्ष जिसका सूखा-सूखा मुँह
करता है पान मृदुल और प्रवहमान-
धरती के स्तन का।
वृक्ष जो धरता है ध्यान दिनभर
परम पिता परमेश्वर का,
जो करता है प्रणाम उठाकर
अपनी पल्लवी भुजाएं,
करता है जो निर्माण अपने शीश पर
रॉबिन्स के नीड़ का।
ओढ़ता है चादर बर्फ की-
अपनी देह पर शीत में,
झेलता है झड़ी बरसात की पावस में,
अदभुत है वह वृक्ष।
लिख सकते हैं कविता तो-
मेरे जैसे मूढ़ भी,
पर बना सकता है पेड़ तो
केवल परमात्मा ही।

वृद्ध प्रेमियों को प्रणाम

माया एंजलु
Maya Angelou
(1928-2014)

मैं कुछ कहने आयी हूँ प्यार के बारें में

उसकी घाटियों और शिखरों,

उसके कंपन, उत्तेजना और आनंदतिरेक के बारे में।

मैं कहने आई हूँ की मैं प्यार को प्यार करती हूँ,

मैं प्यार करने वाले को प्यार करती हूँ

मैं उन साहसी और समर्थ दिलों को-

गहराई से प्यार करती हूँ

जो प्यार करने का हौसला रखते हैं।

आज ये प्रेमी भीरुता का बंधन तोड़कर

सारी दुनिया के सामने

यह कहने के लिए बाहर निकल आए हैं कि

"परिवार वालों और दोस्तों हमें देखो

हम उन वर्षों का तिरस्कार नहीं करते-

जिनसे हमारे शरीर दागे हुए हैं,

और अतीत में तोड़े गए उन वादों को भी नहीं झुठलाते

जिनसे हमारी आत्माएं छिदी हुई हैं।"

आप सोच सकते हैं कि यह उद्यम

जवान दिलों के लिए छोड़ दिया जाना चाहिए,

लेकिन मुहब्बत ने हमें हिम्मत दी है कि हम

अपनी झुर्रियों को स्वीकारते हुए निडरता से

विवाह के पवित्र प्रदेश में प्रवेश करें,

हम उन्हें दिलेरी से प्रदर्शित होने दें,
हमारी अस्थियां बीते वर्षों के बोझ को जानती हैं।
अकेलेपन को दुत्कार कर हमने-
उत्फुल्ल करने वाले उस मिलन को बांहों में भींच लिया है
जो अच्छे परिणय में चहकता है,
हमने हिम्मत की है और उम्मीद भी जगाई है।

2. पिंजरे का पंछी

फुदकता है आजाद पंछी
हवा की पीठ पर
रुक नहीं जाता जब तक बहाव,
तैरता है वह हवा के साथ साथ
डुबो देता है अपने पंख
सूरज की सुनहरी किरणों में
और दावा करता है आकाश पर अधिकार का।

इठलाता हुआ पंछी जब उतरता है
संकरे पिंजरे में तब देख नहीं पाता
बाधक सलाखों को,
कट जाते है उसके पंख
और बँध जाते है पैर,
इसीलिए गाता है वह गला खोल कर।
भय से कांपते हुए स्वर में
गाता है वह गीत अज्ञात चीजों के
अभी भी है वह उनका आकांक्षी,
सुनाई देती है उसकी धुन दूर पहाड़ी पर
क्योंकि बंदी पंछी गाता है गीत आजादी के।
हवा के दूसरे झोंके के बारे में
सोचता है आजाद पंछी,
आह भरते पेड़ों के बीच से
हौले से बहती हैं मौसमी हवाएं।
उगते सूरज की धुप से चमकते लॉन में-
बाट जोहते है मोठे कीट पंछी के आगमन की
और वह बताता है स्वयं को आकाश का स्वामी।

बंदी पक्षी खड़ा है सपनों की कब्र पर
चीखती है दुःस्वप्न में उसकी छाया,
कटे हुए हैं उसके पंख और बँधे हुए हैं पाँव
इसीलिए गाता है वह गला खोल कर।

विचार समस्या

विजय शेषाद्री
Vijay Sheshadri
(जन्म: 1954)

यह कितना अजीब लगेगा यदि

तुम स्वयं तुम से ही मिलोगे एक गली में?

यह भी कितना विचित्र होगा यदि

तुम स्वयं को चाहने लगो,

और स्वयं को ही बांहों में भरकर

स्वयं से विवाह कर लो।

जिन्हें केवल तुम ही जानते हो,

उन तकनीकों की सहायता से

जनसंख्या बढ़ाकर

अपनी प्रतिकृतियों से सारी दुनिया को आबाद कर दो।

कुछ अरबी होंगे, कुछ यहूदी

और कुछ तंबुओं में रहेंगे।

यह घृणास्पद है, लेकिन बेहतर यह है कि

तुम्हारा मधुर और नितांत स्वच्छ 'स्व'

पृथ्वी के कई स्थानों पर प्रकट हो जाएगा।

यदि हमें लोगों की आवश्यकता ही है

तो वे तुम्हारे जैसे होने चाहिए।

हां, क्या केवल वन में ही मिलती है तुम्हे शांति?

ऊपर पेड़ों की शाखाओं पर और

नीचे गहरी घाटियों में।

लेकिन यहाँ अन्य सभी चीजें तुम देख चुके हो,

अब जैसा तुम्हारा हाल हो गया है
उससे परेशान हो कर,
तुम बहुत पहले इसी ग्रह पर
एक खाली मकान पर आए थे
और वहां एक आराम कुर्सी पर बैठ गए थे।

नंगी तलवारों की लम्बी रात

एस्थर डेविड
Esther David
(जन्म: 1944)

बदलता है मौसम
बढ़ गयी हलचल गिलहरियों की-
भरी दुपहरी में।
बीत गई एक और दुःख भरी रात-
छाया में अज्ञात प्रेतों की,
बोलती रही कोयल और बुलबुल।
तसल्ली देते हो तुम खुद को
कि यह कुछ नहीं।
बीत जाएगा यह भी-
एक सामान्य दिन की तरह।
देखते हो तुम अचम्भे से
बगनबेलिया की सूखी शाखाओं से फूटते
नए गुलाबी और नारंगी रंग में पगे सफेद कल्लों को।
गिरा रहे है पत्तियां रिक्तता में
सीधे खड़े, ऊँचे, कंटीले टेसू,
खिलते कँटीली गद्दी में-
वेलवेट से कोमल उसके लाल फूल।
बहता है रक्त हमारे आहत शहर में
रोकते हुए हमारे जीवन प्रवाह को
निराकार आच्छादन से।
कब्र के पत्थर की तरह बिना निगरानी के-

अकेले खड़े राख के थैले,
दैत्याकार अग्निजिह्वा से-
आकाश को चाटते हुए धुएँ के स्तम्भ।
ले लो जो ले सको वस्तुएँ, ज्वाला के अवशेष।
जो तुम्हारा नहीं है, उससे अपने थैले भर लो,
जोड़ दो वस्तुओं को स्मृति से-
पर मेरे प्यारे दोस्त रह पाएँगे कैसे हम
इस लूट के साथ?
चढ़ाए गए मौत को ये संकल्पित उपहार।
काँपते क्यों हो तुम? मानव- पदाघातों के साथ,
तलवार-भालों-बंदूकों के खनकने का क्रूर कंप-
कब सुना था तुमने?
जीवन की पुस्तक को कुचलते पाँवो की आवाज-
क्या सुनी थी तुमने?
क्या होती है खुद की-
आवाज तलवारों और भालों में?
सुना है क्या तुमने उन्हें पास-पास आते?
दसों, सैंकड़ों और हजारों की तादाद में।
'जीत या हार' की ललकार के साथ,
मौत और विनाश का युद्ध रौरव
या यह था केवल कोलाहल?
सँभलकर चलो जरा
काँच और पत्थर के नुकीले टुकड़ों पर।
तोड़ते हैं हम पशुओं के झुण्ड की बाड़,
तड़फड़ाते है पंख-कटे पक्षी, कितने मिले तुम्हे?
घर ले जाओ तुम उन्हें
बाँधकर पाँव और लटकाकर गर्दन

दो-दो और बीस-बीस।

रक्त में हाथ रंग कर काट डालो पंख, बाल के गुच्छ

खुर, कान, आँख और मूक होती मिमियाहट के बादलों से-

भर दो आकाश

पकाओ धीमी आँच पर,

लंबी है रात

नंगी है तलवारे।

आकर्षक रंग और छटा वाली प्रिय साड़ी-

राख हो गयी, कुचलकर धूल में।

जानी अनजानी जगहों के कोनों-कोटरों में-

भटकता है मन,

और गिरता है एक फटा बम-

पैरों पर तुम्हारे,

भरता हुए तुम्हारे अस्तित्त्व में-

मौत का भय।

टूटता और फूटता है दर्पण की तरह एक चेहरा,

गुजरता है सनसनाता हुआ मटमैला कुछ गोली जैसा,

क्या वह बोतल थी तेजाब की

या पेट्रोल भरा डिब्बा?

जलती हुई माचिस की तीली

लगता है तुम्हे कि क्या आँसू-

तुम्हारी आँखों को काट रहे हैं?

पेट्रोल में बदलता तुम्हारा खून

आग के फव्वारे में फट पड़ने के लिए तत्पर।

भूल गए हो तुम सुगंधों के मायने,

सुगंध जीवन की, प्यार की।

पटाखों से फूटते गैस सिलिण्डर

और भट्टियों में बदलते घर
चकराते हो तुम कि आखिरी बार-
किस बेकरी में पकी ताजी ब्रेड की गंध महसूस हुई थी,
और किस पुष्पगुच्छ ने श्वास ली थी?
चले थे कब बेदर होकर तुम आखिरी बार?
सोचा था कब मौत, आपदा और अर्थी के बारे में-
तुमने आखिरी बार?
शहर की परिचित गलियों में-
चहलकदमी करता मन,
यह लेता, वह छोड़ता,
जाता दूर रख के ढेर से,
आश्चर्यचकित होता स्वतंत्रता, सुंदरता और घर के-
मायनों को लेकर।
गोली से लदे कर्फ्यू की छाया में अवसन्न-
खाली गली में,
सिर पर फड़फड़ाती नीरवता-
एक भयाक्रांत पक्षी की तरह।

परिशिष्ट

प्रतिकाव्य परिषद के लिए प्रस्तावना और घोषणाएं

अमेरिका के कोलोरैडो राज्य के टेलुराइड नगर में स्थित 'टेलुराइड संस्थान' के तत्वाधान में कवियों, कलाकारों, पर्यावरणविदों और अन्य विद्वानों के समूह की बैठक 16 सितम्बर, 1989 को टेलुराइड में सम्पन्न हुई थी।

इस बैठक का उद्देश्य संस्कृति-निष्ठ काव्य (एथनोपोएटिक्स) के समकालीन संकटों के सम्बन्ध पर चर्चा करना था। ये पारिस्थितिक, राजनीतिक, सांस्कृतिक और आध्यात्मिक संकट विविध प्राणियों, वनस्पति और मनुष्यों को, पृथक-पृथक और एक साथ, इस एक किन्तु विभाजित पृथ्वी ग्रह पर प्रभावित कर रहे हैं। बैठक में यह बात स्पष्ट हो गई थी कि हम सामूहिक रूप से 'क्रियाशील काव्य' (ऐक्टिविस्ट पोएटिक्स) की ओर कदम बढ़ाना चाहते है। क्रियाशील काव्य, 'संस्कृति-निष्ठ' काव्य का ऐसा विस्तार होगा, जिसमे परिस्थितिकी, भाषा, नगरीकरण, परंपरा और वैकल्पिक मानव प्रतिमानों से संबंधित सरोकार सम्मिलित रहेंगे। ये ज्ञानात्मक, सामाजिक और आध्यात्मिक प्रतिमान संस्कृति निष्ठ-काव्य के मूल आधार रहें है।

काव्य, जो कि अपने ध्येय पर केंद्रित है, वह आज विखंडन और अलगाव से ग्रस्त है। वह व्यक्ति और समूहों के बीच बढ़ती दूरियों का भी शिकार है। इन अलगावों की मिली-जुली शक्ति उनकी इकहरी शक्ति से अधिक प्रभावकारी है। हम देख रहें हैं कि

कवियों के संदर्भ में जो सत्य है, वही अन्य कलाकारों और कला के बाहर के मानवीय क्रिया-कलापों में भी परिलक्षित है।

हमारा दृढ़ विश्वास है कि हमने यहाँ जिन सरोकारों की चर्चा की है वे केवल किसी परिमित समूह से जुड़े हुए नहीं, बल्कि समूचे विश्वकाव्य की मुख्य धारा का प्रतिनिधित्व करते हैं। वे गहन रूप से पारम्परिक और उग्र रूप से अग्रिम पंक्ति के मुद्दे हैं। यह कहना गलत होगा कि वे प्रबल पाश्चात्य परिप्रेक्ष्य का परिणाम हैं।

हम प्रस्तावना के साथ निम्नलिखित घोषणाएं भी कर रहे हैं जो यह दर्शाती है कि समसामयिक काव्य में, वास्तव में, क्या समाविष्ट किया जा सकता है। यह भी प्रस्तावित करतें है कि कवियों तथा विश्व के अन्य सांस्कृतिक कर्मियों के बीच किस तरह का शिथिल गठबंधन और वैचारिक विनिमय हो सकता है।

घोषणाएं है:

वर्तमान और पिछली शताब्दी के दौरान कवियों और सांस्कृतिक कार्यकर्ताओं का ध्यान मानवीय और प्राकृतिक क्षमताओं के दोहन और उनके उन्नयन की ओर आकर्षित हुआ है। यद्यपि व्यक्तियों, समूहों और क्षेत्रों की आवश्यकता के मान से इनके रूप और प्रकार भिन्न-भिन्न हैं फिर भी ऐसा प्रतीत होता है कि निम्नलिखित बिंदुओं से संबंधित सम्प्राप्ति की आकांक्षा आजकल व्यापक रूप से दिखाई दे रही है।

1. अभिव्यक्ति की स्थानीय विधाओं को वैश्विक परिप्रेक्ष्य में इस प्रकार प्रोत्साहन करना कि वे बहु सांस्कृतिकता और अन्तरसांस्कृतिकता की ओर उन्मुख हो सकें।

2. इलियड "पृथ्वी को एक धार्मिक रूप में" देखता था। इसीलिए, 'पृथ्वी-चेतना' (Earth Consciousness) में काव्य के स्रोतों को याद रखना भी आवश्यक है। इस तरह, उन प्रयासों को प्रोत्साहन दिया जाना चाहिए, जो प्राकृतिक विश्व के साथ प्रबुद्ध संबंध रखने का अनुमोदन करते हैं। इसी पर्यावरण में हम अन्य प्राणियों के साथ निवास करते हैं।

3. प्रौद्योगिकी की प्रगति को एक खतरे के रूप में देखने की बजाए, ऐसे अवसर की तरह देखना चाहिए, जो संप्रेषण और प्रवेश्यता के उन सिद्धांतो को उन्नत करती हैं, जिन पर ये प्रस्ताव निर्भर करते हैं। कम से कम उन लोगों के लिए तो ये अवसर महत्वपूर्ण हैं ही, जो भाषा को एक गर्वोचित उपकरण मानते हैं।

4. प्रौद्योगिकी के प्रसार से पहले अर्जित और संचित हमारी शक्तियों की क्षतिपूर्ति और उनके विस्तार को प्रोत्साहन दिया जाना चाहिए। ये शक्तियां है: शारीरिक निष्पादन, रीति-रिवाज, निजी और आपसी सपने तथा सपनों में संजोए गए कार्य।

5. 'संकीर्ण संस्कृतिवाद' और 'बचकाना क्षेत्रवाद' को बढ़ने से रोकने के लिए गीत और व्याख्यान, वाचिक एवं लिखित भाषाई रूप, मंचन और पथ को समान महत्व देकर आयोजित किये जाने चाहिए। साथ ही, कला एवं विज्ञान के सहचारी लक्ष्यों को पहचान कर निर्धारित किया जाना चाहिए।

6. सभी प्रकार के प्रजातिवाद, यौनवाद और सांस्कृतिक संकीर्णिता का विरोध करना और तीसरे तथा चौथे विश्व के लोगों के साथ पारस्परिक सम्मान और सहयोग के आधार पर सक्रिय आदान प्रदान को प्रोत्साहित करना।

7. सभी प्रकार के दमन और परनिंदा (Censorship) का प्रतिरोध करना, तथा उन लोगों को संरक्षण प्रदान करना जो संगठित धर्म और निगरानी समूहों द्वारा लगाए गए प्रतिबंध और परिसीमन से त्रस्त और पीड़ित हुए हों।

8. राजनीतिक और सामाजिक क्रियाशीलता के रूप में आरम्भ हुए कलात्मक प्रयोग के विचार को सशक्त करना तथा उससे आगे बढ़कर कला एवं अन्य मानवीय उद्यम के बीच आने वाली बाधाओं का उन्मूलन करना।

9. सांस्कृतिक साहचर्य और सशक्तिकरण द्वारा कवियों, कलाकारों और अन्य सांस्कृतिक एवं बौद्धिक कार्यकर्ताओं का गठबंधन बनाना।

10. शताब्दी के लिए एक जीवंत और औचित्यपूर्ण विचार प्रसारित करना तथा कवियों के कार्यों/रचनाओं को जन सामान्य के लिए उपलब्ध कराना।

संदर्भ REFERENCES

* Lehman, David and Brehm (Eds.) (2006), <u>The Oxford Book Of American Poetry.</u> New York: Oxford University Press Inc.
* Roetzheim, William H. (Ed.) (2006). <u>The Giant Book Of Poetry.</u> San Diego, C.A: Leven Four Press.
* Rothenberg, Jerome and Joris Pierre (Eds.) (1995), <u>Poems For The Millennium (Vol. One).</u> Berkeley: University Of California Press.
* Rothenberg, Jerome and Joris Pierre (Eds.) (1998), <u>Poems For The Millennium (Vol. Two).</u> Berkeley and Los Angeles: University Of California Press.